# LERNPLUS+

DIE LERNHILFE FÜRS GYMNASIUM

## REFERATE UND PRÄSENTATIONEN 7.–10. SCHULJAHR

Schroedel

**LERNPLUS+**

**Referate und Präsentationen**
**7.–10. Schuljahr**

Autor:
**Günther Besold** unterrichtet Religion, Latein und Italienisch an einem bayerischen Gymnasium.



Druck [1] / Jahr 2009

Herstellung: Dirk von Lüderitz
Umschlaggestaltung und Layout: Janssen Kahlert Design & Kommunikation GmbH, Hannover
Illustrationen: Jan Bintakies, Hannover
Redaktion und Satz: imprint, Zusmarshausen
Druck und Bindung: westermann druck GmbH, Braunschweig

ISBN 978-3-507-**23174**-0

**Liebe Schülerin, lieber Schüler,**

Lernplus hilft dir, Referate und Präsentationen zu meistern. Mit Lernplus lernst du Schritt für Schritt, wie du dich deinem Referatthema näherst, wie du dein Material findest, bewertest und aufbereitest und natürlich auch, wie du ein Referat so halten kannst, dass es gut ankommt - beim Publikum und bei deiner Lehrkraft. Jedes Kapitel nimmt sich einen notwendigen Arbeitsschritt vor und gibt dir hilfreiche Regeln an die Hand. Übungen und Tipps führen dich zum selbstständigen Arbeiten - und ehe du dich versiehst, hast du viel Wissen und Fertigkeiten gewonnen.

Die **Checklisten** am Kapitelende sollen dir bei der Erstellung deines eigenen Referates helfen, indem sie dich auf mögliche Schwachpunkte bei der Vorbereitung hinweisen.

Im **Abschlusstest** nach jedem Kapitel findest du Aufgaben, die die wichtigsten Fähigkeiten, die in dem Kapitel vermittelt werden, noch einmal trainieren.

In Lernplus gibt es außerdem drei besondere Elemente:

Regel

Vorgehensweisen und Regeln werden in jedem Kapitel verständlich zusammengefasst und anschaulich erklärt. Oft werden sie durch Beispiele ergänzt.

Tipp

Hinweise, worauf du achten solltest oder wie du dich in besonderen Situationen am besten verhältst, findest du bei den Tipps.

Info plus

Weißt du, wie Crawler dich bei deiner Internetsuche unterstützen, ohne dass du das merkst? Warum gibt es in den USA eine Anti-PowerPoint-Bewegung? Und was ist ein E-Paper? Für alle, die etwas mehr wissen wollen, bietet Info plus spannende Informationen oder Hintergründe.

Die **Lösungen** geben wertvolle Hinweise für Arbeitsstrategien, du solltest sie auch dann lesen, wenn du einzelne Aufgaben nicht selbst bearbeitet hast.

Wenn du im Buch nicht genügend Platz für die Bearbeitung der Übungen findest, schreibe die Lösungen bitte in ein Heft.

Viel Erfolg beim Üben und Besserwerden mit Lernplus wünscht dir

das **Lernplus-Team**

# 1 Das Referatthema erfassen

**Ein Referat ist ein mündlicher, zeitlich begrenzter Vortrag vor Publikum. Die bzw. der Vortragende heißt Referentin bzw. Referent. Referiert wird über ein Thema oder eine Problemstellung: diesen Ablauf nennt man Präsentation. Dabei ist es wichtig, die Adressaten (das Publikum) mit einzubeziehen: Ein Vortrag über Jugendgewalt, das von Psychologen vor Pädagogen gehalten wird, wird ganz anders aussehen als ein Schülerreferat zu diesem Thema vor einer 7. Klasse.**

## 1.1 Das gestellte Referatthema

Regel

**Themenvorgaben**

Wenn du den Auftrag bekommst, ein Referat zu halten, gibt es bezüglich des gestellten Referatthemas folgende Möglichkeiten:

① **Kein Thema vorgegeben**: Hier bist du entweder völlig frei in der Gestaltung oder du musst dich nur am Schulfach orientieren. Orientiere dich dann an deinen eigenen Interessen und Fähigkeiten oder daran, ob du an „gute" Informationen leicht herankommst.

② **Oberthema vorgegeben**: Hier musst du einen Themenbereich eingrenzen und kannst relativ frei entscheiden, welchen Teilaspekt du genauer ausarbeiten möchtest. Sammle zunächst Ideen, entscheide dich dann für einen interessanten Aspekt.

③ **Genaue Themenvorgabe**: Hier muss dein Referat inhaltlich *genau* dem entsprechen, was aufgrund der gegebenen Themenformulierung erwartet wird.

**Beispiel 1 zu ① Kein Thema vorgegeben:**

a) Michelle soll im Fach Deutsch ein Referat halten. Als Harry-Potter-Fan will sie etwas zu diesem Thema machen.

b) Als Sohn türkischer Einwanderer berichtet Yussuf darüber, wie es seinen Eltern in den ersten Jahren in Deutschland erging.

**1** Überlege, wo deine eigenen Interessen und besonderen Fähigkeiten liegen (Hobbys, Freizeitbeschäftigungen, Interessen, Vereine).

**2** Besorge dir eine aktuelle Tageszeitung und schreibe dir Themen (Überschriften) heraus, die ein interessantes Referatthema sein könnten.

---

**3** Welche aktuellen Themen kommen zurzeit in den Nachrichten vor?

---

**4** Haben Bekannte oder Verwandte von dir interessante oder außergewöhnliche Berufe oder Hobbys?

---

**Beispiel 2 zu ② Oberthema vorgegeben:** Lucas soll zum Thema „Energiekrise" ein Referat halten. Als engagierter Umweltschützer wählt er den Aspekt „Energiekrise und Umweltschutz".

**5** Welche Referatthemen passen *nicht* zum gegebenen Oberthema „Agression und Gewalt". Kreuze an und begründe.

- ☐ Evolutionsbedingte Ursachen von Gewalt
- ☐ Gewalt in der Schule
- ☐ Die gewaltsame Eroberung Südamerikas durch die Spanier
- ☐ Die Terroranschläge vom 9. September
- ☐ Jugendliche Gewalttäter – Ursachen und Tendenzen

**Beispiel 3 zu ③ Thema vorgegeben:** Angelina erhält in Mathematik das Referatthema „Mathematik in der Kunst. Die unmöglichen Bilder von M.C. Escher." – Sie wird (wenn die Lehrerin/der Lehrer ihr nicht sowieso die nötige Literatur nennt, was bei einem sehr konkreten Thema nicht unüblich wäre) in ihrer Materialsuche sehr eng beim Thema bleiben müssen.

**Info plus** Den Begriff Referat kennst du als Synonym für einen mündlichen Vortrag. Referate sind aber oft auch wissenschaftliche Abhandlungen oder haben schriftliche Form. Aber auch **Abteilungen in Behörden oder Organisationen** werden Referate genannt. Der Pressereferent ist also nicht jemand, der ständig vor der Presse Referate hält, sondern jemand, der in der Presseabteilung eines Unternehmens für die Presse- und Öffentlichkeitsarbeit zuständig ist.

## 1.2 Der erste Überblick: Die Stichwortsammlung

Regel

**Brainstorming: Stichwortsammlung/Stichwortliste**

Verschaffe dir zunächst einen groben Überblick über das Thema.

Dabei helfen **Leitfragen**:

- Worum geht es?
- Was gehört zum Thema?
- In welchem größeren Zusammenhang steht das Thema?

**Beispiel 4:** Theresa soll im Fach Deutsch ein Referat über das Thema „Vor- und Nachteile von Schuluniformen" halten.
Sie hat spontan alles zu diesem Thema aufgeschrieben, was ihr einfällt:

**Schuluniformen**

- in vielen Ländern üblich, gibt es bei uns gar nicht (selten?)
- schön/hässlich; teuer/relativ billig
- historische Entwicklung? Woher kommt das? (England?)
- alle würden gleich aussehen (Vorteil und Nachteil!),
- Film „Die Welle" (Beispiel für negative Entwicklung)
- Worterklärung: Uniform (Militär, Uniformität = Gleichheit)
- „Markengeilheit", Unterschiede bei „reichen" und „armen" Eltern; Neid, Angeberei, ...
- Zugehörigkeit sofort erkennbar (kann gut und schlecht sein);
- Elitenbildung? (Unterschied zwischen Schulen)

**6** Notiere Gedanken und Fragen zum Thema „Agression" oder „Gewalt".

_______________

_______________

_______________

_______________

_______________

_______________

_______________

**7** **Sammle (ungeordnet) Ideen und Gedanken zum Thema „Energiekrise" oder „Energiesparen".**

Tipp

**Hilfe, mir fällt nichts ein!**

Es gibt Referatthemen, da fällt einem auf Anhieb gar nichts ein und es gibt auch Themen, bei denen man erst ein bisschen recherchieren muss, bevor man sich eine Stichwortsammlung erarbeiten kann (in diesem Fall hilft dir das Kapitel 2 weiter). Du solltest aber immer versuchen, zunächst ein paar eigene Gedanken zu sammeln: Wenn du nämlich zu früh beginnst, z. B. im Internet zu surfen, besteht die Gefahr, dass deine eigene Kreativität dabei vernachlässigt wird!
Lass dich nicht dazu verleiten, einfach „Vorgekautes" abzuschreiben.

**8** **Stell dir vor, du sollst in Mathematik ein Referat über „Eschers unmögliche Figuren" halten – und du weißt nichts darüber. Surfe im Internet. (Tipps zur Internetrecherche findest du in Kapitel 2).**

Info plus

**Kreativität:** Das ist schöpferisches Denken. Und dass unser Kopf nicht „auf Befehl" und sofort die besten und neuesten Ideen ausspuckt, ist altbekannt. Künstler warten dann auf den „Musenkuss".
Wir müssen nicht warten. Es gibt einige ganz einfache Methoden, mit denen man dem Genie in uns auf die Sprünge helfen kann:

1. Fünf Minuten raus an die frische Luft und ein paar Schritte gehen.
2. Gedanken visualisieren: das Problem mit einer Zeichnung „einkreisen".
3. Laut denken, z. B. einem fiktiven Zuhörer schilden, worum es geht.

## 1.3 Strukturierte Stoffsammlungen

Regel

**Cluster**

Ein Cluster kann die Ergebnisse eines Brainstormings auswerten oder aber dieses ersetzen.

- Scheibe das Thema in die Mitte eines weißen Blattes und kreise es ein (Cluster-Kern).
- Einen neuen Gedanken schreibst du in einen weiteren Kreis, den du mit dem Cluster-Kern durch einen Strich verbindest; diese „Kette" wird weitergeführt. Für neue Gedanken (spätere Unterpunkte) beginnst du eine neue Kette.
- Nimm (noch) keine Wertung vor, lass deinen Gedanken freien Lauf.

**Beispiel 5:** Hier der Ausschnitt aus einem großem Cluster zum Thema Energiesparen (Clusterkern, blau), der die Kette zum Unterthema „Energiekrise" (gelb) zeigt. Neue Ketten betreffen den Themenbereich „Energiesparen im Haushalt" (rot), „Energiesparen außerhalb des Hauses" (grün) und „Auswirkungen des Energiesparens" (grau), die hier noch nicht weiter ausgearbeitet sind.

**9** Erweitere die Kette des Clusters aus dem Beispiel, die sich mit „Energiesparen im Haushalt" beschäftigt.

Regel

## Mindmaps

Bei der Erstellung einer Mindmap geht man ähnlich vor wie bei Brainstorming und bei Clustern, jedoch ist hier die Struktur, die Ordnung stärker betont (Map = Karte).

- Das Thema steht wieder im Zentrum.
- Vom Zentrum gehen Äste aus, die sich weiter verzweigen; auf jedem Ast und jedem Zweig wird immer nur ein Wort notiert.

**Beispiel 6:** Noch unvollständige Mindmap zum Referat einer Buchbesprechung „Der Vorleser von B. Schlink":

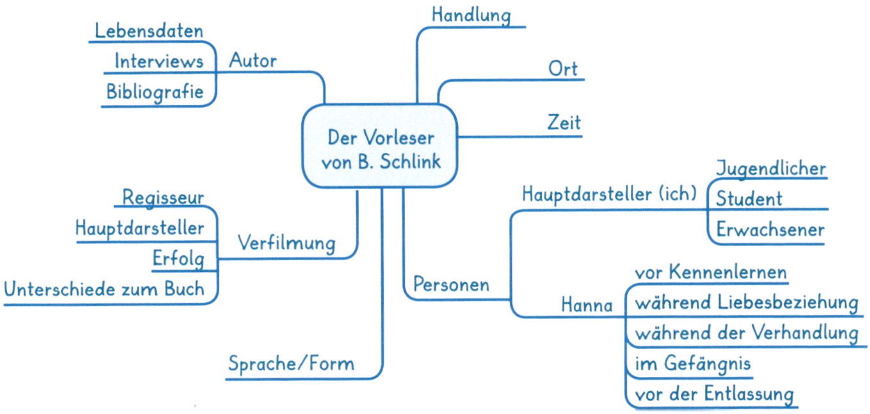


**10** Erweitere den Ast „Formen" der noch unvollständigen Mindmap zum Thema „Gewalt und Aggression in der Schule".

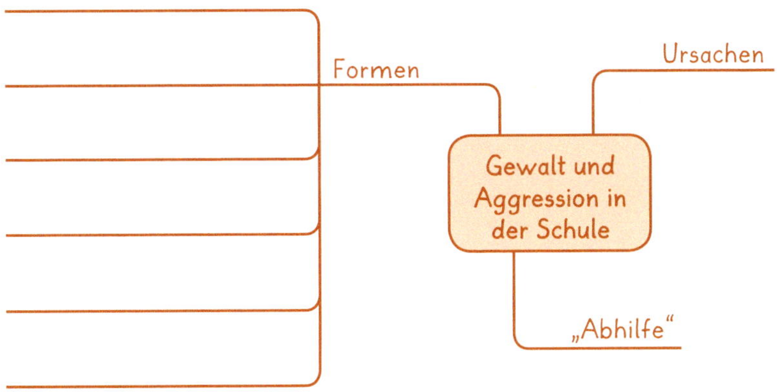

**Regel**

### Karteikarten-System

- Die Arbeit mit Karteikarten bietet sich dann an, wenn die Teilbereiche (Oberpunkte) eines Referats schnell festzulegen sind.
- Für jeden Oberpunkt wird eine Karteikarte angelegt, die Unterpunkte werden auf dieser ergänzt.
- Statt Karteikarten können natürlich auch einfache A4- oder A5-Blätter verwendet werden

**Beispiel 7:** Yessica hat das Thema „Energiesparen" erhalten. Sie verwendet je eine Karteikarte für einen Oberpunkt und lässt Platz für spätere Ergänzungen.

Energiesparen – Möglichkeiten in der Schule

Energiesparen – politische Einflüsse und Maßnahmen

der Industrie

Energiesparen – Privatpersonen, außerhalb des Haushaltes

Energiesparen – Privatpersonen, im Haushalt
- sparsame Elektrogeräte
- Beleuchtung
- Lüften/Heizen/Kühlung
- Warmwasser
- Isolierung (Dach, Wand, Fenster)
- Benutzung der Geräte (Fernseher, PC, ...)

**11** Vervollständige die Karteikarte.

Energiesparen – Privatpersonen, außerhalb des Haushaltes

_______________

_______________

_______________

_______________

_______________

_______________

_______________

Regel

### Digitale Stoffsammlung

Natürlich kannst du für die Stoffsammlung auch den Computer nutzen.

- Textverarbeitungsprogramme bieten meist vorgegebene Gliederungsmuster/Formatvorlagen, die für einen guten Überblick sorgen.
- Der Text kann einfach verändert, neu angeordnet und ergänzt werden.
- Wichtig: regelmäßig Sicherungskopien erstellen (sonst ist alles „weg")!

**Beispiel 8:** Kevin erstellt seine Stoffsammlung zum Thema „Gewalt/Aggression" am Computer; so kann er einfach ergänzen, verschieben und neu ordnen: Zuerst schreibt er lauter Einzelpunkte auf, für die er dann Überschriften (Oberpunkte) findet.

Er notiert auch Fragen, Anregungen und Punkte, um die er sich später noch kümmern wird.

(Erstellt mit OpenOffice, Freeware)

**Ursachen von Aggression**

Verteidigung gegen Angriffe
Schutz der Familie
Nahrungserwerb (Jagd?)

**Wo tritt Aggression auf?**

***In der Familie***
zwischen den Eltern
gegenüber Kindern

***in der Schule***
Zwischen Schülern
Zwischen Lehrern und Schülern
zwischen Außenstehenden und Schülern (und Lehrern)

***in der Gesellschaft***
Verbrechen
Terroranschläge

**Aggressionsauslöser**

Äußerer Anlass
Innerer Anlass: Gemütszustand, Erlebnisse, Frust, Ärger, Unsicherheit

**Wie wird Aggression begegnet?**

Wie geht man mit gewaltbereiten/aggressiven Mitmenschen um?
– Gewaltverbrecher (Strafen: Todesstrafe in Amerika/China
Was kann man gegen aggressives Verhalten tun?

**12** **Thema: „Energieverbrauch und Ökologie" (hoher Energieverbrauch verursacht hohen $CO_2$-Ausstoß). Schreibe die Stichworte zunächst am Computer ab und ordne sie dann dort unter die drei Hauptüberschriften 1. Verursacher, 2. Folgen, 3. Perspektiven und Hoffnungen. Manche Stichworte eignen sich als Unterüberschriften.**

Energieerzeuger • Solarenergie, Photovoltaik • Verkehr • Zunahme von Atemwegserkrankungen • Überschwemmungen • Haushalte • neue Haushaltsgeräte • Industrie • technische Herausforderungen und neue umweltfreundliche Entwicklungen • Massenflucht aufgrund klimatischer Katastrophen, Flüchtlingsströme • energiesparender Antrieb (Wasserstofffahrzeuge) • globale Erderwärmung • Windenergie • Funktion und Zustand der Ozonschicht • Luftverschmutzung Hautkrebsrisiko durch verstärkte UV-Strahlung • Abschmelzen des Polareises • Lebensräume für Mensch und Tier werden bedroht • Wasserkraftwerke • Technologievorsprung • langfristige Klimaveränderung • ungewöhnliche heftige Stürme • verstärkte Nutzung nachwachsender Rohstoffe (erneuerbare Energien)

## 1.4 Der zweite Schritt: Das Thema eingrenzen

Regel

**Referat-Typen**

Referate lassen sich meist mithilfe der vorgesehenen **Dauer** in drei große Gruppen einteilen:

- **Kurzvortrag**, dauert bis zu fünf Minuten
- **Referat**, bis zu ca. einer Viertelstunde Dauer
- **Grundsatzreferat**, bis zu einer Schulstunde lang
- Einen Sonderfall stellen **schriftliche Referate** dar, die vollständig schriftlich ausgearbeitet werden müssen. Diese sind meist länger und umfangreicher und unterscheiden sich von den Vorträgen dadurch, dass sie vollständig schriftlich dokumentiert werden.

Je nach Dauer deines Referates solltest du dein Thema eingrenzen.

**13** Max hat schon innerhalb kürzester Zeit eine riesige Mindmap zum Thema „Barack Obama – der erste schwarze Präsident" entwickelt. Er hat für sein Referat aber nur fünf Minuten bekommen. Was soll er tun? Beurteile die verschiedenen Möglichkeiten.

a) Zur Lehrkraft gehen und fragen, wie er weitermachen soll.

______________________________

b) Nur einen Teilbereich der Mindmap verwenden.

______________________________

c) Sich zunächst gleichmäßig mit den Hauptästen seiner Mindmap beschäftigen und sich dann später auf einen Teilbereich konzentrieren.

______________________________

c) Einfach länger als fünf Minuten referieren: Das Thema ist ja wirklich interessant genug!

______________________________

b) Nur die Hauptäste der Mindmap verwenden.

______________________________

c) Nur die Aspekte bearbeiten, die auf die Hautfarbe des Präsidenten eingehen.

______________________________

Wenn du ein **Oberthema** bekommen hast, ist es jetzt an der Zeit, dass du dir überlegst, welchen Teilaspekt du in deinem Referat vertieft behandeln möchtest. Du solltest immer mit der Lehrkraft absprechen, ob das in Ordnung ist und/oder während des Vortrages darauf eingehen, dass und gegebenenfalls *warum* du nur einen Teilaspekt behandelst.

Regel

**Leitfragen zur Themeneingrenzung** können sein:

- Was will ich erklären, beweisen, widerlegen?
- Was ist meine persönliche Ansicht dazu?
- Was sollen meine Zuhörer aus meinem Vortrag lernen?
- Welche Informationen brauchen meine Zuhörer?
- Ganz wichtig: Was verlangt das Thema?

**14** Marias Referatthema lautet „Bernhard Schlink: Der Vorleser – Ein kurzer Überblick". Sie hat dafür 15 Minuten Zeit. Auf welche Teilbereiche sollte sie in Ihrer Vorbereitungsphase konzentrieren? Kreuze an und begründe:

1 ganz wichtig, unbedingt ausführlich behandeln
2 wenn möglich (zumindest kurz)
3 kann man wahrscheinlich weglassen

a) kurze Übersicht über die wichtigsten handelnden Personen 1 2 3
b) Hintergrundinformationen zum Zeitrahmen des Romans 1 2 3
c) Hintergrundinformationen über den Autor 1 2 3
d) Vergleich von aktuellem Kinofilm und Buch 1 2 3
e) Charakterbeschreibung der Hauptpersonen 1 2 3
f) kurze Inhaltsangabe des gesamten Romans 1 2 3
g) charakterlich/psychologische Entwicklung der Hauptpersonen 1 2 3
h) Vorlesen einiger markanter/typischer Passagen 1 2 3
i) der Verkaufserfolg des Buches vor und nach der Verfilmung 1 2 3
j) Informationen zu Regisseur/Darstellern des Kinofilms 1 2 3
k) sprachlich/stilistische Analyse 1 2 3

Regel

**Quantitativ oder qualitativ?**

- Bei einer **quantitativen** (auf die Menge bezogen) Ausarbeitung geht man „in die Breite", gibt also einen breiten Überblick und viele Informationen.
- Eine **qualitative** (auf die inhaltliche Qualität bezogene) Ausarbeitung geht „in die Tiefe", erforscht also genau und umfassend einen Teilbereich.
- Oft findet sich auch eine **Mischung**: Man gibt zunächst einen breiten Überblick über den gesamten Themenbereich und sucht sich dann einen Teilaspekt heraus, der vertieft behandelt wird.

**Beispiel 9:** Bei der Beschäftigung mit dem Thema „Energiekrise" stellt Janina fest, dass sie vor allem der Aspekt interessiert, bei dem es darum geht, inwiefern die Politik Einfluss auf den weiteren Verlauf der Entwicklung nehmen kann. Nach einem allgemeinen Überblick geht sie vertieft auf diesen Teilaspekt des Themas ein.

**15** **Welche der vorgegebenen Referatthemen legen eine quantitative, welche eher eine qualitative Ausarbeitung nahe?**

a) Der deutsche Roman seit dem Zweiten Weltkrieg
☐ qualitativ („Breite") ☐ quantitativ („Tiefe")

b) Aussagen des Autors B. Schlink zur Verfilmung seines Romans „Der Vorleser"
☐ qualitativ („Breite") ☐ quantitativ („Tiefe")

c) Energiesparen: Eine Herausforderung für uns alle.
☐ qualitativ („Breite") ☐ quantitativ („Tiefe")

d) Napoleon auf Gemälden von Zeitgenossen – Bilder eines Imperators
☐ qualitativ („Breite") ☐ quantitativ („Tiefe")

Tipp

Wenn du deine Stichwortsammlung in Form einer Mindmap oder eines Clusters erstellt hast, kannst du Quantität und Qualität sehr einfach beurteilen:

- Die Anzahl der Hauptäste/-ketten kennzeichnet die Breite/Quantität.
- Die Anzahl der Verzweigungen (Äste/Nebenketten) gibt einen Überblick über die Tiefe/Qualität eines Teilbereichs.

## 1.5 Der dritte Schritt: Das Arbeitsthema formulieren

Regel

**Das Arbeitsthema hilft beim Arbeiten**

- Es begleitet dich durch die gesamte Vorbereitungsphase.
- Es macht dir die Inhalte (und die Grenzen) des Themas deutlich.

Verwechsle es nicht mit dem Referatthema: Es ist etwas ausführlicher formuliert und zeigt die Grenzen des Referates deutlich auf.

**16** Thema „Energiesparen": Patrick möchte einen Überblick geben (also „in die Breite" gehen). Er möchte die Gründe aufzählen, warum Energiesparen ein wichtiges Thema ist, kurz aufzeigen, welche Möglichkeiten es zum Energiesparen gibt und auch auf die positiven Auswirkungen davon hinweisen. Formuliere das Arbeitsthema.

______________________________________________

______________________________________________

**17** Wie könnte Patricks Arbeitsthema aus Aufgabe 16 lauten, wenn er „in die Tiefe" gehen möchte?

______________________________________________

______________________________________________

## 1.6 Die Stoffsammlung als Arbeitsgrundlage

Regel

**Eine gute Stoffsammlung ist eine perfekte Arbeitsgrundlage**

- Sie hilft dir bei später bei Materialsuche und Gliederung
- Sie hilft dir dabei, den Überblick zu gewinnen und zu behalten.
- Ganze Teilbereiche (Äste oder Ketten) können als kurze Aufzählung in ein Referat eingebaut, um deutlich zu machen, was noch alles zum Thema gehört. So wird deutlich, dass man sich intensiv mit dem Thema beschäftigt hat.
- Teile der Stoffsammlung können für Einleitung oder Schluss verwendet werden.

Bring also deine Stichwortsammlung in eine Form, mit der du später sauber weiterarbeiten kannst.

Danach bietet sich eine Pause an, um ein wenig Abstand zu gewinnen.

Die Checklisten sollen dir bei der Erstellung deines Referates helfen, indem sie dich auf mögliche Schwachpunkte bei der Vorbereitung hinweisen.
Auch wenn vielleicht nicht jeder Punkt für jedes Referat zutrifft, versuche trotzdem bei deinem Referat, die Checklisten zu jedem Kapitel durchzugehen.

**Bewerte dich selbst**, indem du ankreuzt: von 1 für vollständig/sehr gut bis 5 mäßig/verbesserungsfähig und bearbeite alle Punkte nochmal, bei denen du eine Ziffer angekreuzt hast, die höher als 3 ist. (Wenn du die Ziffern nur leicht mit Bleistift ankreuzt, kannst du sie vor deinem nächsten Referat wieder ausradieren.)

## Checkliste 1: Das Referatthema erfassen

| | | |
|---|---|---|
| 1 | Ich habe mich intensiv mit dem gestellten Thema befasst bzw. ein gutes eigenes Thema gefunden. | 1 2 3 4 5 |
| 2 | Ich kann das gestellte Thema vollständig und umfassend behandeln.<br>Oder: Ich habe das Thema sinnvoll abgegrenzt und dies mit dem Lehrer abgesprochen. | 1 2 3 4 5 |
| 3 | Ich weiß, wie lange mein Referat dauern soll. | 1 2 3 4 5 |
| 4 | Ich habe eine ausführliche Stichwortsammlung erstellt. | 1 2 3 4 5 |
| 5 | Meine Stichwortsammlung passt zum Thema. | 1 2 3 4 5 |
| 6 | Ich bin mir sicher, dass meine Stichwortsammlung ausreichend ist und genügend Teilaspekte des Themas behandelt. | 1 2 3 4 5 |
| 7 | Ich habe ein Arbeitsthema formuliert, das mich immer wieder daran erinnert, worüber ich referieren möchte. | 1 2 3 4 5 |
| 8 | Ich habe meine Stichwortsammlung so überarbeitet oder gestaltet, dass ich sie als Arbeitsgrundlage verwenden kann. | 1 2 3 4 5 |

1 Julia hat das Referatthema „Ureinwohner Amerikas" in Englisch (Landeskunde) bekommen, kann damit aber erst mal gar nichts anfangen. Bewerte die möglichen Vorgehensweisen.

a) Sie geht zu ihrer Lehrerin/ihrem Lehrer und bittet um ein anderes Thema.

_______________

b) Sie fragt ihre Lehrerin/ihren Lehrer was sie jetzt machen soll.

_______________

c) Sie bespricht ihr Problem mit Freunden/Eltern/Bekannten.

_______________

d) Sie surft im Internet und schaut, was sich da so ergibt.

_______________

e) Sie verschiebt das Problem auf den nächsten Tag.

_______________

f) Sie fängt einfach mal an, auf einen Zettel ein paar Stichwörter zu notieren.

_______________

2 Wie könnte man das Oberthema „Gewalt und Aggression" eingrenzen? Formuliere mögliche Arbeitsthemen,

a) bei quantitativer Ausarbeitung.

_______________

_______________

_______________

b) bei qualitativer Ausarbeitung.

_______________

_______________

_______________

Tipp: Nutze deine Stoffsammlung aus Aufgabe 6 oder lass dich von der Lösung dazu auf Seite 104 inspirieren.

# 2 Informationen beschaffen

In manchen Fällen bekommst du zusammen mit dem Referatthema auch schon die Quellen mitgeliefert, auf die du dich beziehen oder mit denen du arbeiten sollst – dann kannst du gleich zum nächsten Kapitel übergehen. Was aber, wenn du zwar eine Stoffsammlung, aber ansonsten keine Materialien hast? Dann musst du dir zuerst geeignete Informationen beschaffen.

## 2.1 Wichtige Quellen – ein Überblick

Grundsätzlich kann man zwischen **Text-, Bild-, und Datenquellen** unterscheiden. Zudem spricht man von **Primärquellen** („Originale") und **Sekundärquellen** („über etwas").

- Textquellen (Primärquellen) sind beispielsweise: Forschungsberichte, Romane, Urkunden, Briefe, Verhandlungsprotokolle.
  Textquellen (Sekundärquellen) sind beispielsweise: Besprechungen zu einem Roman, Zeitungskommentare.
- Bildquellen sind beispielsweise: Fotos, Karten, Skizzen, Filme, Luftbilder.
- Datenquellen (Primärquellen) sind beispielsweise: eigene Beobachten, eigene Befragungen, eigene Messungen.
  Datenquellen (Sekundärquellen) sind beispielsweise: Daten aus Datenbanken, amtliche Statistiken, Beobachten, Befragen, Messungen anderer.

Was du den Quellen „entnimmst", wird zu deinem Material.

Regel

**Welche Quellen sind bei einem Referat zu verwenden?**
Die Antwort ist einfach: Alle, die helfen, Informationen zum Thema zu erhalten und das Thema zu vermitteln.

**Beispiel 1:**

a) Soll der Roman „Der Vorleser" vorgestellt werden, so ist in erster Linie die *Primärquelle* – eben das Buch „Der Vorleser" – wichtig. Interessant und erhellend können dann *Sekundärquellen* sein, z.B. eine Rezension des Romans oder auch der Kinofilm.

b) Stellt man einen Beruf vor, etwa den eines Polizisten, dann kann die Primärquelle „Gespräch mit meiner Tante, die bei der Polizei ist" ein hervorragender Ausgangspunkt sein. Statistiken zu Einkommen etc. können dann z.B. noch ergänzt werden.

## 2.2 Quellen nennen

Regel

**Alle verwendeten Quellen sind zu nennen**

Bei einem Referat ist es in vielen Fällen ausreichend, einmal an geeigneter Stelle auf das Handout (Seite 89) zu verweisen, in dem dann die Quellen genannt sein müssen. Es gibt unterschiedliche Regeln, wie sogenannte **Quellenangaben** auszusehen haben. Eines haben alle gemeinsam: Die Angaben haben genau und eindeutig zu sein. Und man sollte nicht zwischen verschiedenen Möglichkeiten der Quellenangabe in einem Referat hin- und herwechseln. Beziehen sich Quellenangaben auf Gedrucktes, so werden diese auch **Literaturangaben** genannt.

Beispiel 2: Muster für gute Quellenangaben/Literaturangaben

a) **Bücher:** Schlink, Bernhard: Der Vorleser. Roman. Zürich 1997, S. 29; also: Name, Vorname (des Autors): Titel. Untertitel (des Buches). Erscheinungsort Erscheinungsjahr. - Beim Zitieren einer Passage wird die Seitenzahl genannt.
b) **Zeitschriften/Zeitungen:** Stolleis, Michael: Die Schaffnerin. In: Frankfurter Allgemeine Zeitung vom 9.9.1995, Nr. 210/S. 25
c) **Internet:** Stolleis, Michael: Die Schaffnerin. http://www.faz.net/s/Rub79A3339 7BE834406A5D2BFA87FD13913/Doc~EB9F8E69648CD4DCE988BAC6EA5E9FFF9 ~ATpl~Ecommon~Scontent.html (18.5.2009) also: Name, Vorname (des Autors): Titel. Untertitel (des „Textes"). URL (=Internetadresse) (Entnahmedatum). In manchen Fällen wird kein Autor oder Titel ersichtlich sein, dann genügt die URL und das Entnahmedatum.

Tipp

Für kommende „Quellenangaben-Spezialisten" oder für den Fall, dass bei der Arbeit „Sonderfälle" auftreten:
www.wi2.uni-erlangen.de/download/wi2_zitierrichtlinie_nach_din_1505.pdf

### 1 Bringe im Heft die Quellenangabe in die richtige schriftliche Form.

a) Das Buch, aus dem ich zitiere, erschien 2003 und stammt von Judith Hermann. Es heißt „Sommerhaus, später". Die Erzählungen sind im Frankfurter S. Fischer Verlag erschienen. (Hinweis: Es handelt sich um Frankfurt a. M.)
b) Gestern (18.5.2009) habe ich im Internet einen tollen Artikel gefunden unter www.zeit.de/2007/30/01-Harry-Potter. Susanne Gaschke schreibt über „Die Welt liest". Sie meint, es sei einfach gut, dass so viele Menschen Harry Potter lesen.

Tipp

**Zitate müssen deutlich gekennzeichnet sein**

Das betrifft nicht nur das Handout zum Referat. In schriftlicher Form müssen Zitate durch Anführungszeichen gekennzeichnet sein. Zitate sind eine Sonderform der Verwendung von Quellen (Material), man nutzt nicht nur Informationen der Quelle, man verwendet unverändert Teile des Materials. Daher ist auch hier wieder eine Quellen- oder Literaturangabe nötig.
Beim Vortrag selbst kann man das Zitat kennzeichnen, indem man etwa Folgende Formulierung verwendet: „Ich zitiere jetzt aus dem Buch von …". Abschließend kann man das Ende des Zitats einfach durch eine Pause deutlich machen, oder, wenn man auf „Nummer sicher" gehen will, sagen: „Zitat Ende."

## 2.3 Das Internet als Quelle

Bequem und schnell geht es schon, die Suche nach Informationen im Internet. Aber reicht das? Und finde ich wirklich Richtiges und Geeignetes?

Regel

**Vom Suchen und Finden – Suchmaschinen nutzen**

Ohne Suchmaschinen wäre die „unendlichen Weiten des Internets" nicht planvoll zu erschließen. Daher wenden wir uns ihnen in einem ersten Schritt zu.

- Es gibt nicht nur Google®.
- Suchbegriffe sollten nicht zufällig gewählt sein.
- Die Suchergebnisse müssen bewertet werden.
- Das Internet ist schnell – aber rasch wird es auch zum „Zeitfresser".

Tipp

**Es gibt nicht nur Google®**

Suchmaschinen liefern nicht immer die gleichen Ergebnisse, es kann sich also sehr wohl lohnen, verschiedene Suchmaschinen zu nutzen. Hier einige Adressen:
http://de.altavista.com/
http://www.live.com/
http://www.metager.de/
http://de.yahoo.com/

**2** Nenne drei Suchmaschinen, die nicht im Tipp genannt sind.

______________________________________________

Info plus

### Nicht jede Suchmaschine ist wirklich eine Suchmaschine

Nicht nur in diesem Buch wird Yahoo® als Suchmaschine bezeichnet, dabei ist http://de.yahoo.com/ eigentlich ein sogenanntes Verzeichnis.
Suchmaschinen sind automatisch arbeitende Programme (Robots oder Crawler genannt). Sie durchsuchen ohne Unterbrechung das Internet nach neuen oder veränderten Internetseiten und speichern den vollständigen Text der Internetseiten in riesigen Datenbanken ab. Dabei findet keinerlei Qualitätsprüfung statt. Diese Vorgehensweise nennt man Indizierung, deren Ergebnis bezeichnet man als Index.
Auch bei sogenannten Verzeichnissen werden Internetseiten in einem Index abgespeichert, allerdings geschieht dies nicht automatisch, sondern durch „Menschenhand". Bei großen Verzeichnissen arbeiten ganze Redaktionsteams an der Erstellung des Indexes. Dieser wird üblicherweise nach Themen sortiert. Verzeichnisse speichern nicht den kompletten Text der indizierten Internetseiten, daher findet man auch nur den Titel einer Seite und/oder eine Kurzbeschreibung zu deren Inhalt.

Regel

### Mit Suchmaschinen arbeiten

**Gängige Eingaberegeln**

- Gibt man mehrere Begriff in das Suchfeld ein, erhält man Seiten angezeigt, die **einen oder mehrere oder alle** der angezeigten Suchbegriffe enthalten.
- Wenn man mehrere Suchbegriffe eingibt und ein „+" ohne Leerzeichen davorsetzt, so werden nur die Seiten angezeigt, die **alle eingegebenen Begriffe** enthalten. Manchmal muss man das „+" durch ein „AND" zwischen den einzelnen Begriffen ersetzen.
- Ein „-" oder manchmal „NOT", vor einem einzelnen Suchbegriff, etwa [potter -harry], lässt Seiten finden, bei denen nicht „Harry Potter", sondern andere „Potter" vorkommen. Das ist nützlich, wenn man weiß, dass ein bestimmter Suchbegriff aufgrund einer populären Kombination (eben wie Potter in Kombination mit Harry) eine Ergebnisliste erbringt, bei der die ersten Seiten nur unerwünschte Suchergebnisse auflisten.
- Stehen mehrere Begriffe hintereinander in "Anführungszeichen", also "wie ein Zitat", so erhält man nur Seiten, in denen diese **Wörter in genau dieser Verbindung** vorkommen.
- Groß- oder Kleinschreibung spielen keine Rolle.

**Achtung: Nicht jede Eingaberegel funktioniert bei jeder Suchmaschine.**
Die Suchmaschinen bieten aber Hinweise zu „ihren" Eingaberegeln.

**3** Vergleiche die Top 5 der Suchergebnisse von www.google.de und http://de.altavista.com. Suche dazu nach dem Suchbegriff [Schlink]. Beachte vor allem Gemeinsamkeiten und Unterschiede des Suchergebnisses.

**4** Jetzt machen wir absichtlich einen Fehler: Suche unter www.google.de nicht nach Bernhard Schlink, so heißt der Autor, mit dem wir uns in diesem Buch öfter beschäftigen, sondern nach [Berhard Schlink].
Wir schreiben also den Vornamen falsch.
Wie versucht die Suchmaschine den Fehler zu korrigieren?

**5** Suche bei www.google.de [define:osmose].
Welche Suchergebnisse wirst du sehen?

**6** Recherchiere zum Energieverbrauch in privaten Haushalten im Internet.

a) Notiere dir einige wichtig erscheinende Links.
b) Gehe zu einem beliebigen Suchergebnis und dort auf einen angegeben Link, und von dort noch drei- oder viermal von einem Link weiter zum nächsten. Bist du noch bei deinem Thema?

Regel

**Vom Suchen und Finden – Linkhopping**

Um die Suche per Suchmaschine führt kaum ein Weg vorbei. Ergänzend kann man allerdings das Linkhopping versuchen. Darunter versteht man das **„Hüpfen" von Link zu Link**, also von einem Verweis auf Internetseiten zum nächsten. Das ist ein wenig wie Brainstorming. Man weiß nie, ob das, was man findet, Quatsch ist oder genial. Linkhopping kann sehr nützlich sein, weil man unter Umständen zu sehr interessanten und speziellen Ergebnis kommt. Das liegt darin begründet, dass Links von Menschen gesetzt werden, so dringt man unter Umständen in ein Netzwerk von Spezialisten ein: Das können etwa Wissenschaftler sein, die sich alle mit Umkehrosmose beschäftigen. Oder auch interessierte Laien, die sich mit UFO-Sichtungen und damit zusammenhängenden Verschwörungstheorien beschäftigen. Also auch hier die Bandbreite zwischen genial und „entlegen". Damit sind wir beim Nachteil des Linkhopping. Man weiß nicht, wohin es führt, und noch schlimmer: Man kann es endlos betreiben.

Fazit:

- Setze dir ein Zeitlimit (ich mache genau eine Stunde Linkhopping).
- Frage dich immer wieder: Bin ich noch bei meinem Thema?

Tipp

**Fertige Referate aus dem Internet?**

Inzwischen werden dir immer wieder „fertige Referate" im Internet begegnet sein. **Hände weg!**
Diese Warnung hat gleich mehrere Gründe:
Bedienst du dich bei Texten aus dem Internet, ohne diese anzugeben, dann ist das zu bewerten wie das Abschreiben bei einer Prüfung.
Und wer denkt, das merkt die Lehrerin/der Lehrer nie, der hat sich meist getäuscht. Selbst das Umformulieren solcher fremder Texte hinterlässt im Regelfall genug Hinweise, um die Ausgangstexte per Suchmaschine im Internet zu identifizieren. Ja, es gibt sogar Webseiten, auf denen sich Lehrer kundig machen können, wie sie solchen Schummelversuchen auf die Spur kommen können.
Das ist aber noch nicht alles. Regelmäßig finden sich weit oben in den Ergebnislisten der Suchmaschinen Hinweise auf kommerzielle Anbieter, die Geld haben wollen, wenn du die Referate oder Hausaufgaben auch nur ansehen willst. Dabei gehen diese Anbieter teils raffiniert vor. **Sie ermöglichen beispielsweise einen Testzugang, der sich nach 24 Stunden in ein kostenpflichtiges Abo umwandelt.**

Du hast dich jetzt schon recht eingehen damit beschäftigt, wie man zeitsparend Informationen im Internet findet. Aber Vorsicht, was heute im Internet steht, kann morgen schon wieder daraus verschwunden sein. Jede Sekunde werden neue Inhalte auf Server gestellt und alte werden verändert und gelöscht. Daher ist folgender Tipp unbedingt zu beherzigen:

Tipp

**Links speichern, Favoriten anlegen, Inhalte ausdrucken**

Es ist sehr ärgerlich, wenn man eine tolle Website gefunden hast - und später nicht mehr weiß, welche das war. Du solltest immer die URL (Uniform Resource Locator) notieren, also die Web-Adresse/den Link. Da manche URL sehr lang ist, kann es vernünftig sein, sie aus dem Browser direkt in dein Arbeitsblatt zu kopieren (copy-paste), um Fehler beim Abschreiben zu vermeiden. Notiere dazu, wann du die Seite geöffnet und gesehen hast und evtl. was sie enthält!
Speichere wichtige „Fundstücke" unbedingt bei den Favoriten in deinem Browser und drucke dir wichtige Inhalte am besten aus. Niemand kann garantieren, dass diese wichtige Seite morgen oder nächste Woche auch noch „da" sein wird.

**7** Was machst du, wenn du ohne Umwege eine Definition von „Uniform Resource Locator" finden willst?

Damit sind wir bei der Frage, welche Webseiten denn wichtig sind. Und was mache ich, wenn ich zuviel finde? Wenden wir uns zuerst der Frage der **Quantität** zu, also dem Problem des „zu viel":

**Beispiel 3:** Du suchst: [Thomas Mann]. Google bringt 6 490 000 Ergebnisse. Hilfe! Erinnerst du dich an die Eingaberegeln? Hast du bei deiner Lieblingssuchmaschine nachgeschaut, welche Eingaberegeln dein Ergebnis eingrenzen und verbessern könnte?

- Die Suche nach ["Thomas Mann"] etwa reduziert auf 1 990000 Ergebnisse.
- Die Kombination ["Thomas Mann" Kurzbiografie] ergibt noch 190 000 Ergebnisse, die auf 155 000 zurückgehen, wenn du die Suche auf „Seiten auf Deutsch" einschränkst.
- Gibst du ["Thomas Mann"+Kurzbiografie+site:de] ein, so bleiben „nur" noch 877 Ergebnisse.

Regel

**Die Anzahl der Suchergebnisse reduzieren**

- Suchbegriffe möglichst konkret halten, orientiere dich an den Ergebnissen deiner Stichwortsammlung.
- Nutze die Möglichkeiten der Eingaberegeln und der erweiterten Suche, die die meisten Suchmaschinen bieten.
- Suche nicht weltweit, wenn du Ergebnisse auf „Seiten auf Deutsch" erwartest oder willst.

**8** Ermittle die Ergebnisse für den Suchbegriff ["Klimawandel in Bayern"] mithilfe der Suchmaschinen a) Altavista und b) Yahoo, und zwar mit dem Button weltweite Suche. Notiere die Zahl der gefundenen Ergebnisse.

Jetzt zur **Qualität** der gefunden Ergebnisse. Welche sind wichtig? Welche bringen vertrauenswürdige Informationen. Die sogenannten Domain-Endungen können erste Hinweise geben.

Regel

### Domain-Endungen erkennen

Endungen wie „.de" oder „.at" sind **Top-Level-Domains** (Länderkennungen); „.de" steht für Deutschland, „.at" für Österreich.
Daneben gibt es die **generic TopLevelDomains** (gTLD). Diese haben drei oder mehr Zeichen. Dabei wird für jede Domain-Endung festgelegt, unter welchen **Bedingungen** man eine Domain unter dieser Domain-Endung registrieren kann.

| gTLD | Verwendungszweck | kann registriert werden von |
|---|---|---|
| .com | kommerzielle Angebote | Personen, Firmen, Vereine, Institutionen |
| .net | Netzbetreiber und Provider | Personen, Firmen, Vereine, Institutionen |
| .org | (gemeinnützige) Organisationen | Personen, Firmen, Vereine, Institutionen |
| .info | Informationsangebote | Personen, Firmen, Vereine, Institutionen |
| .biz | „Business" (Geschäfte, Handel) | nur zu kommerziellen Zwecken von Personen, Firmen, Vereinen und Institutionen |

Manche Domain-Endungen **dürfen nur von ganz bestimmten Zielgruppen beantragt werden**:

| gTLD | kann unter strengen Auflagen registriert werden von |
|---|---|
| .edu | Bildungsinstutionen |
| .gov | Regierungsinstitutionen |
| .mil | militärischen Institutionen |
| .name | Privatpersonen nur auf den *eigenen* Namen (oder Künstlernamen, Spitznamen)<br>Format: vorname.nachname.name seit 2005 auch: wunschname.name |
| .museum | Museen |

Die große Nachfrage nach aussagekräftigen Webadressen (www.meinewunschformulierung.xx) führt auch dazu, dass immer wieder neue Endungen genehmigt werden. Kürzlich wurde zum Beispiel „.asia" eingeführt, damit lassen sich Webadressen als aus dem asiatischen Raum stammend kennzeichnen.

9 Finde heraus, wofür die Endung „.pro" steht.

___

___

Regel

**Domain-Endungen helfen bei der Bewertung**

Wenn du dir die Informationen des Regelkastens von Seite 27 ansiehst, so wird deutlich, dass die Endungen „.museen", „.gov" und „.edu" auf Webseitenbetreiber hinweisen, die einen besonderen Charakter haben; es handelt sich um Universitäten, Museen und Regierungseinrichtungen. Eine Statistik, die beispielsweise von einer US-amerikanischen Regierungsstelle geboten wird, kann im Regelfall eine höhere Glaubwürdigkeit beanspruchen, als eine Statistik, die von einer Firma („.com" oder „.biz") zur Stützung von Verkaufsargumenten verwendet wird.

Regel

**Wer sagt was? Und mit welcher Absicht?**

Damit sind wir beim Thema **Intention**. Auch bei den Informationen, die du im Internet findest, ist, wie bei gedruckten Information auch, wichtig zu wissen, wer eine Information bietet und welche Intention (= Absicht) der Informierende womöglich damit verbindet. Die Domain-Endungen helfen, dem „Wer sagt was?" auf die Spur zu kommen. Die Seite der deutschen Bundesregierung aber verwendet beispielsweise *nicht* die Endung „.gov." Sie heißt einach: www.bundesregierung.de. Das bedeutet, man muss genauer hinschauen.

**Alle Webseiten müssen nennen, wer dafür verantwortlich ist.** Das findet sich zumeist im Impressum, das manchmal auch „Über uns" heißt. Informationen aus einer Seite ohne Nennung des Verantwortlichen sollte man nicht verwenden, immerhin stellt sich die Frage, ob es eventuell Gründe gibt, warum sich jemand in dieser Weise „versteckt".

Sobald der Verantwortliche gefunden ist, kann man überlegen, welche Absichten vorliegen. Wenn beispielsweise (und jetzt auch erfundenermaßen) eine Firma, die Autozubehör herstellt, einen Aufsatz als pdf-Datei zur Verfügung stellt, in dem ein Forschungsinstitut darüber berichtet, dass sich keine eindeutigen Zusammenhänge zwischen dem Autoverkehr und der Klimaerwärmung beweisen lassen, oder eine Umweltschutzorganisation ein Schaubild bringt, in dem der $CO_2$-Ausstoß von Autos in Zusammenhang gestellt wird mit der Eisschmelze an den Polen, so sind die damit verbundenen Intentionen recht einfach zu erkennen. Nicht immer ist es so eindeutig.

Auch aus diesem Grund ist es wichtig, die Quellen zu nennen, so können sich nämlich auch die Zuhörer eines Referats Gedanken machen über die Natur des im Referat Gesagten.

**10** Du findest unter den genannten Webadressen Beiträge zum Thema „Schadstoffreduzierung". Beurteile, welche Seite dir vertrauenswürdig erscheint und für ein Referat zum Thema „Umweltschutz und Energiekrise" am ehesten relevant ist. Begründe kurz.

a) www.rheinmetall.de

b) www.porsche.de

c) www.umweltdaten.de

d) http://www.fmprc.gov.cn/ce/cede/det/

e) www.energieportal24.de

**11** Rufe die Adressen auf und entscheide, welche dir als Informationsquelle für ein Kurzreferat zum Thema „Windenergie in Deutschland – eine zukunftsträchtige Form der Energiegewinnung?" vielversprechend scheinen. Begründe deine Entscheidung stichpunktartig.

a) www.gadore.org

b) www.wind-energie.de

c) www.klimawandel-global.de

d) www.planet-wissen.de

e) www.abo-wind.com

f) www.polsoz.fu-berlin.de

Tipp

**Führe ein Protokoll der Internetsuche**

Auf Seite 25 wirst du darauf hingewiesen, dass es wichtig ist, die Webadressen zu notieren, das kannst du beispielsweise in der Form eines Tabelle erledigen.

**Beispiel 4:** Jana hat mit den Suchbegriffen „Gewalt" und „Schule" eine Reihe interessanter Websites gefunden. In einem Textverarbeitungsprogramm legt sie eine Tabelle an, in die sie die Internetadresse (URL) in die linke Spalte kopiert, Bemerkungen und einen ersten Eindruck von der Seite tippt sie in die rechte Spalte:

| Webadresse | Bemerkung |
|---|---|
| www.gewalt-an-schulen.de | Die Website von Kristian Klett entstand im Rahmen einer Dissertation an der Universität zu Köln. Hier findet man unter anderem auch Literaturtipps. |
| http://www.spiegel.de/schulspiegel/0,1518,347930,00.html | Spiegel und Focus sind (politische) Wochenmagazine und bieten auf ihrer Website interessante Artikel und Hintergrundinformationen |
| http://www.focus.de/schule/familie/schule/paedagogik/schulgewalt_medien/brennpunkt_aid_21267.html | |
| http://de.wikipedia.org/wiki/Gewalt_an_Schulen | guter Überblick: was gehört zum Thema; unter „Quellen" weitere Internetlinks; unter „siehe auch": weiterführende Informationen; unter „Weblinks" sehr gute Links zum Thema! |
| http://www.polizei-beratung.de/vorbeugung/jugendkriminalitaet/gewalt_an_schulen/ | Film für Schüler mit Begleitmaterial für Lehrpersonal. |
| www.youtube.com | Filmmaterial |
| http://www.bmi.bund.de/cae/servlet/contentblob/375766/publicationFile/17959/Studie_lf.pdf;jsessionid=A821BC357FBDE4E2F16426145525520A) | Forschungsbericht „Jugendliche in Deutschland als Opfer und Täter von Gewalt", 2009, KFN und BdI http://bildungsklick.de/datei-archiv/21115/Gewaltbericht05-neu.pdf |

**12** Fällt dir auf, um welche Information die obige Tabelle sinnvollerweise noch ergänzt werden müsste? Denke daran, welche Angaben zu machen sind, wenn man die Quellen zum einem Referat nennt.

Tipp

### Streitpunkt Wikipedia

Ohne jeden Zweifel ist Wikipedia sehr gut geeignet, sich einen ersten (später zu überprüfenden) Überblick zu verschaffen. Ansonsten ist Wikipedia **eine problematische Informationsquelle.**

Warum ist das so?

Wikipedia ist eine Online-Enzyklopädie, deren Artikel weltweit von Menschen geschrieben und (oftmals anonym) geändert werden - und die von der (nicht gewinnorientierten) Wikimedia Foundation betrieben wird. Anders formuliert: Auch du könntest einen Wikipedia-Artikel schreiben oder ändern.

Dieses Prinzip bietet große Chancen. Jemand schreibt zu einem Thema und jeder kann ergänzen oder korrigieren. Dadurch wird sehr viel Wissen zusammengetragen und weil die Artikel der Kontrolle offen stehen, bleibt nur erhalten, was von den Nutzern als richtig oder weiterhelfend akzeptiert wird. Manche nennen das die „Weisheit der Vielen".

Gleichzeitig steht jeder Artikel auch der Manipulation offen, und es stellt sich die Frage, wie lange ein falsche oder manipulierte Information unentdeckt bleibt. So wurde beispielsweise im Januar 2006 bekannt, dass Politikerbiographien manipuliert wurden. Man fand heraus, dass zu diesen verfälschenden Änderungen offensichtlich Computer des US-Kongresses verwendet worden waren.

Andererseits gab es in den letzten Jahren Vergleichstests. Einer wurde 2007 von der Zeitschrift Stern beauftragt, die 50 zufällig ausgewählte Artikel aus Wikipedia mit denen der Online-Ausgabe des renommierten Brockhaus vergleichen ließ. Die Tester gaben Wikipedia die bessere Durchschnittsnote. Sie lobten vor allem die Aktualität; was die Verständlichkeit anbelangt, lag allerdings der Brockhaus vorne.

Ausführlich informiert Wikipedia selbst zu diesen und anderen Problemen: http://de.wikipedia.org/wiki/Wikipedia

Nun ist die Frage: Kannst du mit Wikipedia arbeiten? Die Antwort ist ja, allerdings nur, um dich vorab zu orientieren. Du solltest aus Wikipedia entnommene Informationen immer mit anderen Quellen „gegenchecken". Damit ist auch klar, **ein Referat darf auf keinen Fall ausschließlich auf der Quelle Wikipedia aufbauen**.
Wie weit Wikipedia „zitierbar" ist, muss du mit deinem Lehrer/deiner Lehrerin klären. Dazu gibt es unterschiedliche Standpunkte.

## 2.4 Bücher, Zeitungen, Zeitschriften

Regel

Bücher und Artikel renommierter Zeitungen und (wissenschaftlicher) Zeitschriften greifen in der Regel auf gesichertes Daten- und Informationsmaterial zurück. Sie werden von Fachleuten verfasst und zusätzlich von fachkundigen Lektoren vor der Veröffentlichung geprüft. Auch wenn so keine 100%ige Fehlerlosigkeit garantiert ist, so sorgt dieses über Jahrhunderte erprobte und verbesserte Verfahren doch dafür, dass diese „Printprodukte" recht verlässliche Quellen darstellen.
Bei wissenschaftlichen Arbeiten ist es dennoch wichtig, selbst diese Materialien sehr kritisch zu behandeln, sozusagen mit „spitzen Fingern anzufassen". So weit bist du in der Schule aber noch nicht. Für ein Referat darf man das schon etwas entspannter sehen.

Viele Beiträge aus Zeitschriften und Zeitungen sind über das Internet zumindest teilweise frei zugänglich. Sie stellen häufig eine hervorragende Informationsquelle dar, vor allem wenn für dein Referat **aktuelle Informationen** wichtig sind.

Tipp

**Auswahl an Zeitungen und Zeitschriften im Internet**

- www.sueddeutsche.de
- www.rheinischer-merkur.de (erscheint wöchentlich)
- www.spiegel.de (hier wird auch ein Spiegel Wissen Lexikon angeboten)
- www.welt.de (Welt online)
- www.zeit.de (hier werden auch ältere im Archiv befindlichen Artikel kostenlos zur Verfügung gestellt)
- www.bdw.de (Bild der Wissenschaft mit Beiträgen zum aktuellen Stand auf dem Gebiet der Wissenschaft)
- www.geo.de

Daneben können auch einschlägige Adressen wie z.B. www.wissenschaft.de, www.medizin.de, www.geographie.de usw. interessante und wichtige Informationen liefern

Solltest du so nicht fündig werden, oder ausnahmsweise nicht schon wieder auf einen Bildschirm sehen wollen, so steht ein Besuch in der Bibliothek auf deinem Arbeitsprogramm (siehe dazu das Kapitel 2.5).

Regel

**Vorteile der digitalen Zeitung**

- Inhalte sind schnell und direkt verfügbar.
- Die meisten sogenannten E-Paper verfügen über eine interne Suchfunktion.
- Es werden oft Links zu den behandelten Themen zur Verfügung gestellt.

**Nachteile der digitalen Zeitung**

- Ältere Artikel sind in sogenannte Archive ausgelagert. Manchmal muss ein (geringes) Entgelt bezahlen, um so einen Betrag ganz lesen zu können.
- Wirklich alte Artikel sind oft nicht mehr greifbar.
- Nicht mehr existierende Zeitungen und Zeitschriften gibt es natürlich auch nicht mehr als E-Paper.

Info plus

**E-Paper**

Achtung, der Begriff E-Paper („elektronisches Papier") ist mehrdeutig: So werden nicht nur E-Zeitschriften oder E-Zeitungen bezeichnet. Vor allem im englischsprachigen Raum meint man damit auch die millimeterdünnen und manchmal flexiblen Displays neuer E-Books.

**13** **Suche in den digitalen Ausgaben großer deutscher Tageszeitungen nach einem tagesaktuellen Ereignis, das dich interessiert.**

a) Beschreibe, wie du grundsätzlich vorgehst.

b) Sieh dir die Startseite an: Welche Gemeinsamkeiten im Aufbau lassen sich bei www.zeit.de und www.sueddeutsche.de feststellen?

c) Findest du die Elemente, die du bei der *Zeit* und der *Süddeutschen* entdeckt hast, auch bei anderen Zeitungen wieder?

Tipp

**Vollständige Bücher im Internet**

Unter: http://books.google.de/books kommst du bei Google in eine Suchmaske, mit der sich Bücher suchen lassen. Teils lassen sich so ganze Bücher am Bildschirm lesen oder als pdf herunterladen und ausdrucken.

**14** **Suche in der Google-Buchsuche-Maske mit dem Suchwort [Goethe]. Wenn du dir die erste und die zweite Seite der Ergebnisliste ansiehst, so bieten ausschließlich Bücher, die im 19. Jahrhundert erschienen sind, den Vermerk „Vollständige Ansicht". Nur diese sind also vollständig zu lesen. Versuche herauszufinden, warum dies so ist.**
**Tipp: [google digitalisiert] sind gute Suchworte.**

## 2.5 Die Bibliothek

Manchmal kann man sich ein Referatthema so suchen, dass man die Bücher oder Zeitungen/Zeitschriften, die man braucht, schon zu Hause hat. Vielleicht hat eine Internetrecherche ergeben, dass man zusätzlich zu den schon gefundenen Internetquellen genau drei Bücher braucht, um das Thema gut abzudecken. Die kauft man dann vielleicht sogar, weil man die sowieso interessant findet. Was aber, wenn man Bücher zuerst nur durchblättern will, um zu sehen, ob sich Brauchbares darin findet? Oder das eine Buch, das man braucht, vergriffen ist? Oder einfach zu teuer? Bibliothek heißt die Lösung.

Regel

**Bibliotheken sind nichts Verstaubtes!**

Und Bibliothekare sind keine bücherhütenden Drachen. Denke also nicht unbedingt an die Schulbibliothek von Hogwarts mit der Abteilung für Verbotenes und angeketteten Büchern und einen im Hintergrund lauernden überlaunigen Hausmeister. Nur keine Schwellenangst. Geh einfach mal in deine nächste Bibliothek auf Entdeckungsreise. Du wirst sehr wahrscheinlich positiv überrascht sein.

Tipp

**Die Schulbibliothek nicht vergessen!**

Gerade die Schulbibliothek eignet sich als erste Anlaufstelle. Sie ist nahe.
Die Bücher, die sich darin finden, sind normalerweise für Schülerinnen und Schüler thematisch und von der Verständlichkeit besonders geeignet.
Sie wurden ja (hoffentlich) für diese Zielgruppe ausgewählt und beschafft.

15 Informiere dich noch diese Woche, wann deine Schulbibliothek geöffnet hat. Riskiere einen Besuch. Man weiß nie, wozu es gut sein wird …

Tipp

**Universitätsbibliotheken nutzen?**

Nicht nur eingeschriebene Studentinnen und Studenten, sondern auch Schülerinnen und Schüler können in Universitätsbibliotheken (als Gast) nach entsprechenden Büchern suchen und solche auch für eine gewisse Zeit ausleihen.

**16** **Informiere dich, wo bei dir in der Nähe eine Universitätsbibliothek ist und wie man sich dort als Schüler Bücher ausleihen kann.**

In der Regel ist es auch möglich, über das Internet im Bestand einer Universitätsbibliothek nach geeigneten Titeln zu suchen und diese dann über die sogenannte Fernleihe zu bestellen. Man kann die bestellten Bücher im Regelfall in einer Bibliothek vor Ort, beispielsweise in der Stadtbibliothek abholen. Eine Fernleihe über das Internet ist nur möglich, wenn man z.B. bei einer Uni-Bibliothek, beim GBV (Gemeinsamer Bibliotheksverbund) oder etwa bei einer Landesbibliothek angemeldet ist. Dieses Verfahren ist möglich, weil jedes Buch und jede (Fach-)Zeitschrift eine eindeutige Nummer, die (Bibliotheks-)Signatur, trägt.

Regel

**So durchsucht man per Internet den Bestand der Unibibliotheken**

- Aufruf der Homepage einer Unibibliothek (am besten über die Eingabe des Namens bzw. des Ortes der entsprechenden Universität in eine Suchmaschine, dann weiter mit dem Link Bibliothek)
- Titel- bzw. Stichwortsuche über den OPAC-Katalog, dem viele Unibibliotheken angeschlossen sind, oder über den GBV oder einen anderen Link der entsprechenden Bibliotheks-Homepage.

**17** **Suche in der wissenschaftlichen Bibliothek der Universität Hannover nach den ab dem Jahr 2003 erschienen Publikationen zum Thema „Ölkrise". Notiere den Namen der Autorin bzw. des Autors sowie Titel, Erscheinungsort und -jahr des Buches und gib die Signatur an.**

________________________________________

________________________________________

## 2.6 Eigene Datenerhebung

**Beispiel 5:** Daniel soll ein Referat über das „Freizeitverhalten von Jugendlichen" halten. Dazu lassen sich sicher Statistiken im Internet finden oder Aufsätze in Zeitschriften. Aber bietet es sich nicht hier ganz besonders an, sich zudem einmal von den gedruckten Seiten und den leuchtenden Displays abzuwenden? – Daniel entwickelt einen (anonymen) Fragebogen auf dem er verschiedene Freizeitangebote auflistet. Diesen Fragebogen lässt er in der Klasse herumgehen. Gute Idee, oder?

Regel

Daten erhebt man, wenn man jemanden fragt, beobachtet oder etwas analysiert.

**Datenerhebungen, die für Referate infrage kommen könnten:**

- Einen Experten interviewen. Du könntest einen Abgeordneten interviewen, wenn dein Thema lautet „Die Aufgaben eines Bundestagsabgeordneten".
- Die Umfrage in der Klasse hat schon unser Beispiel 5 genannt.
- In der Mensa notieren, wie viele Schülerinnen und Schüler Pizza oder Pommes kaufen – und wie viele Salat, wenn dein Thema lautet „Wie gesund ernähren sich Jugendliche?"

Du siehst, der Fantasie sind keine Grenzen gesetzt.

Tipp

Eigene Datenerhebungen können einen besonders interessanten Einstieg zum Thema darstellen oder am Ende eines Referats eine gelungene Abrundung des Gesagten sein.

**18** **Überlege dir fünf Referatthemen, zu denen eine Datenerhebung innerhalb deiner Klasse sinnvolle und interessante Ergebnisse liefern könnte.**

______

______

______

______

______

## 2.7 Sonstige Quellen

Bücher, Zeitungen, Zeitschriften, Internetseiten, eine eigene Datenerhebung: Dir stehen eine ganze Menge Quellen zur Verfügung, um Material für dein Referat zu finden. Es gibt aber noch viel mehr, hier eine kurze Auswahl:

Regel

**Material, das nicht außer Acht gelassen werden sollte:**

- Filme (Du stellst einen verfilmten Roman vor. Wäre ein Filmausschnitt nicht spannend?).
- Tonaufnahmen (Du hältst ein Referat über die „Konrad Adenauer, der erste Bundeskanzler", dann könnte man den Ausschnitt einer Rede an geeigneter Stelle vorspielen)
- Archivmaterialien. Archive sind eine „Art von Bibliothek". In ihnen finden sich auch Bücher, Zeitschriften etc. Ihre Spezialität sind aber sogenannte „Originale". Das können Urkunden sein oder Rechnungsbücher von Handwerkern, Geburtenregister, Plakate, Handzettel, Architekturzeichnungen usw. (Bei lokalgeschichtlichen Referaten unter Umständen ein „Muss".)
- Auch Museen können (ähnlich einem Archiv) Material zur Verfügung stellen, beispielsweise Dias (oder Bilddateien) von Kunstwerken (z. B. www.louvre.de).

Tipp

Zeitungen, Zeitschriften und die Nachrichtenredaktionen der Radio- und Fernsehsender bieten **Audioaufnahmen** als Podcasts und **Filmaufnahmen** für das Abspielen auf dem PC (zumeist kostenlos) an. Eine echte Fundgrube, wenn du einen aktuelles Thema bearbeitest.

**19** **Stell dir vor, du hast im Radio ein tolles Interview mit einem in Afghanistan verletzten Bundeswehrsoldaten gehört. Wenn du zum Afghanistan-Einsatz der Bundeswehr eine Referat halten würdest, …**

a) wie könntest du das Interview einbauen?

______________________________

b) wo würdest du die Audioaufnahme eines solchen Interviews suchen?

______________________________

c) Gehe auf die Seite: http://www.br-online.de/podcast/radio/mp3-download-podcast-uebersicht-radio-gesamt.shtml – Sieh dich dort einfach mal um.

## 2.8 Die geeigneten Informationen beschaffen

Regel

**Geeignet ist, was wichtig ist.**

- Betrachte das Material, das du findest, immer unter dem Aspekt: Passt es zu meinen Vorüberlegungen, zu meiner Stichwortsammlung – oder muss ich diese ergänzen?

**Geeignet ist, was nicht einseitig ist.**

- Verlasse dich nie auf nur *eine* Quelle.
- Recherchiere nicht nur im Internet oder nur bei Zeitung usw.

**Geeignet ist, was keine Lücke lässt.**

- Gibt es in der Stichwortsammlung wichtige Punkte, zu denen du nichts hast?

Tipp

Manchmal lässt man sich von gefundenem (schönen) Material verleiten, das zu referieren, was das Material vorgibt. Das ist unklug. Deine eigenen Gedanken zählen. Deine Überlegungen und deine Materialfunde müssen sich gegenseitig ergänzen.

**20** **Dein Thema lautet „Gewalt an Schulen".**
**Kreuze die Überschriften von Meldungen an, die ganz sicher für dein Referat geeignet sind, also passende Informationen bieten.**

- ☐ Vandalismus an außerstädtischen Bushaltestellen ist ein häufiges Problem
- ☐ Rentnerbande hat sich auf Schuleinbruch spezialisiert
- ☐ Neue Streitschlichter an unserer Schule
- ☐ Unsere Mensa bietet ab sofort ein Salatbuffet
- ☐ Lehrer konfisziert Klappmesser und Schlagring
- ☐ Viele Schüler werden gemobbt
- ☐ Auch Kinder haben Kopfschmerzen
- ☐ Schulball endet in Massenschlägerei
- ☐ Immer mehr Handys können fotografieren und filmen
- ☐ Rechtsradikale verteilen CDs vor dem Schulgelände.

## 2.9 Die richtige Menge an Informationen beschaffen

Die Gefahr ist groß, dass du dich bei der Informationsbeschaffung „verzettelst" und am Ende mit einer unglaublichen Materialfülle dastehst - deren Aufarbeitung dich dann überfordert. Ebenso gefährlich ist es, wenn du den Bereich Materialbeschaffung zu leicht nimmst, also zu wenig Informationen sammelst. Achte von Anfang an auf **das richtige Verhältnis zwischen Referat-Dauer und Materialfülle**!

Regel

**Referat-Typen und Materialmenge**

- Für einen **Kurzvortrag** von ca. fünf Minuten bekommst du meist einen einzelnen, nicht zu umfangreichen Text gestellt. Du brauchst hier nur noch wenige zusätzliche (Hintergrund-)Informationen.
- Bei einem **Kurzreferat**, das bis ca. einer Viertelstunde dauern kann, wird von dir eine etwas breitere Materialgrundlage gefordert. Als Faustregel kann man für die meisten Themen sagen, dass drei bis vier wichtige (auch längere) Materialien ergänzt um knappe Hintergrundinformationen, dennoch reichen.
- Ein **längeres Referat**, bei dem du bis zu eine Schulstunde lang referieren sollst, erfordert eine umfangreiche Materialmenge. Es dürfen dann auch schon Materialen dabeisein, die das Thema nur noch streifen, um deinen Horizont zu erweitern. Gerade deshalb: Beachte deinen Zeitplan (siehe Anhang) und frage dich immer wieder: „Bin ich noch bei meinem Thema?"

Wenn du für deinen Vortrag länger brauchst, als du dafür Zeit hast, dann hast du sehr wahrscheinlich auch zu viel Material, oder du hast dieses nicht gut ausgewertet (siehe Seite 48).

Tipp

Die Fähigkeit, mit dem vorgegebenen zeitlichen Rahmen umzugehen ist (neben Inhalt und Aufbau) **wesentliches Kriterium für die Benotung**! Eine Schülerin oder ein Schüler erfüllt die gestellte Aufgabe nämlich *nicht* vollständig, wenn ein Referat von 15 Minuten erwartet wird, für die Umsetzung aber fast eine Unterrichtsstunde notwendig ist.
Siehe auch „Zeitplanung" im Anhang dieses Buchs.

**21** **Leonie braucht für ihr Referat über den Roman „Der Vorleser" eine kurze Inhaltsangabe des Buches.**
**Was hältst du von diesen Möglichkeiten? Kommentiere und bewerte.**

a) Leonie liest den Roman und macht sich nebenher Notizen.

___

b) Leonie hat im Internet eine tolle Zusammenfassung gefunden und spart es sich, das Buch zu lesen.

___

c) Sie liest das Buch ganz schnell und oberflächlich durch und stützt sich auf Klappentext oder Informationen aus Buchbesprechungen im Internet.

___

d) Sie weiß, dass ihr Bruder das Buch schon gelesen hat und befragt ihn zum Inhalt.

___

e) Leonie hat den Film gesehen. Sie meint, dass das genügt und verzichtet darauf, das Buch zu lesen.

___

**22** **Julian soll ein einstündiges Referat zum Thema „Die Geschichte des Fußballvereins TSV 1860 München" halten. Welche Recherchemöglichkeiten sind als gut und angemessen aufwendig zu bezeichnen?**
**Gib in deinem Heft auch jeweils einen kleinen Kommentar ab.**

Hinweis: Julian wohnt in einem Vorort Münchens. Er ist Fußballfan und bereit, für sein Interesse auch mal ein wenig Geld auszugeben.

- ☐ Internetrecherche
- ☐ mit Verantwortlichen des Vereins reden
- ☐ in die Schulbibliothek gehen
- ☐ in die Universitätsbibliothek gehen
- ☐ in die Buchhandlung gehen
- ☐ Jugendspieler des Vereins sprechen
- ☐ das Stadtarchiv München besuchen
- ☐ beim Bayerischen Rundfunk nachfragen, ob es dazu eine Sendung gab
- ☐ Kontakt mir Fanclubs aufnehmen

## 2.10 Den Überblick behalten

Nichts ist unangenehmer als genau zu wissen: „Da hatte ich doch was dazu." - Um dann festzustellen, dass es irgendwo „verschütt" gegangen ist. Und die Legende vom kreativen Chaos ist oftmals nur eine Ausrede. Manche glauben, dass es viel Zeit kostet, Ordnung zu halten. Das Gegenteil ist der Fall: Keine Ordnung zu haben, ist der größte Zeitfresser.
Achte dabei auf deine Vorlieben: Mancher liebt Karteikästen, andere sind Fans von Schnellheftern.

Regel

**Ordnung halten!**

| Mittel | Vorteile | Nachteile |
|---|---|---|
| **Heft** | einfach, schnell und immer dabei | Nachträge schwer, da angefangene Ordnung beibehalten werden muss |
| **Ringordner/ Mappe** | - Trennblätter/Register für Hauptkapitel können angelegt werden<br>- kopiertes und ausgedrucktes Material kann eingeordnet werden<br>- Ordnung kann angepasst werden | unhandlich, wird sehr groß und dick, kann man nicht immer dabeihaben |
| **Karteikarten** | einfach, immer dabei, kann man gut ordnen | keine Möglichkeit für Material-Ablage |
| **Digital** | - Ordnung kann leicht geändert werden<br>- Internetlinks können kopiert werden<br>- digitale Texte können kopiert werden | - fehleranfällig (Abstürze, Löschen ...)<br>- nicht immer verfügbar<br>- nicht immer dabei |

Tipp

Die Arbeit an einem Referat wird hier zwar Schritt für Schritt erklärt, es ist aber nicht so, dass man, wenn ein Arbeitsschritt erstmal erledigt ist, diesen vollständig abhaken kann. Ein Referat „wächst" - und während dieses Prozesses muss man gelegentlich auch wieder einen Schritt zurückgehen, etwa die Stichwortsammlung checken, etwas nachrecherchieren usw. - Da ist es gut, wenn man Ordnung gehalten hat („Ja, wo ist denn die Stichwortsammlung?").

## Checkliste 2: Informationen beschaffen

Hinweise zur Arbeit mit der Checkliste findest du auf Seite 18.

| | | |
|---|---|---|
| 1 | Ich habe meine Recherche an meiner Stichwort-/Ideensammlung orientiert. | 1 2 3 4 5 |
| 2 | Ich habe meine Stichwort-/Ideensammlung während der Recherche erweitert oder gekürzt. | 1 2 3 4 5 |
| 3 | Ich habe Einseitigkeit bei Quellen und Materialien vermieden. | 1 2 3 4 5 |
| 4 | Ich habe die Materialien mit den Angaben gesammelt, die für Quellenangaben nötig sind. | 1 2 3 4 5 |
| 5 | Ich habe über die Gedanken/Ideen/Vorstellungen, die in all den Materialien stecken, nicht meine eigenen vergessen. | 1 2 3 4 5 |
| 6 | Ich habe Materialien zu allen meinen wichtigen Stichworten – uns ich habe nicht zu viel und nicht zu wenig Material. | 1 2 3 4 5 |
| 7 | Ich liege noch im Zeitplan (vgl. Seite 123), d.h. ich habe nicht wesentlich länger für die Recherche benötigt als geplant. | 1 2 3 4 5 |

1 Zu den hier vorgegebenen Referatthemen oder Teilaspekten eines Themas sollst du Material recherchieren. Zwei Möglichkeiten sind angegeben: Wähle die sinnvollere Alternative aus.
Achtung: Sinnvoll heißt hier: Die Quelle ist vermutlich ergiebig und der Aufwand ist angemessen. Gehe von einem einstündigen Referat aus.
Es ist zudem natürlich daran gedacht, dass die bessere Möglichkeit nicht als einzige Quelle genutzt wird.

a) „Piraterie in Somalia"
- ☐ E-Paper (online-Ausgabe von Tageszeitungen/Magazinen
- ☐ Schulbuch

b) Die Entwicklung der Arbeitslosenzahlen in den letzten Monaten
- ☐ www.destatis.de
- ☐ Besuch beim örtlichen Arbeitsamt

c) Zeitlicher Ablauf der französischen Revolution
- ☐ Schulbuch und Schülerbibliothek
- ☐ Besuch des „Le Musée des Souvenirs Napoléoniens et des Archives du Palais" in Monte Carlo, Monaco

d) Der Zweite Weltkrieg in deiner Stadt
- ☐ Besuch im örtlichen Museum
- ☐ Gespräch mit deiner Großmutter

e) Ist es sinnvoll, eine Bank mit Steuergeldern zu retten?
- ☐ Ausgaben der Zeitschrift Wirtschaftswoche durchsuchen
- ☐ Gespräch mit dem Bundeswirtschaftsminister

f) Der Besuch des US-Präsidenten Obama im ehemaligen KZ Buchenwald und in Dresden.
- ☐ Presseabteilung des US-Botschaft in Berlin
- ☐ Berichterstattung in der deutschen und US-amerikanischen Presse (Print und Online)

g) Königin Elisabeth die I. - England wird Seemacht
- ☐ verschiedene Romane über Queen Elisabeth ausleihen und lesen
- ☐ Internetrecherche mit Suchbegriffen [Elisabeth, Seemacht, England]

h) Der deutsche Film im Wettbewerb von Cannes in den Jahren 2000 bis 2009
- ☐ Gespräch mit dem Mann/der Frau an der Kasse deines Lieblingskinos
- ☐ Besuch der Seite: www.epd-film.de

# 3 Das Material verstehen und bewerten

**Inzwischen müsstest du einen ganzen „Berg" an Material vorliegen haben. Der nächste Schritt zum guten Referat ist nun, aus dieser Fülle die geeigneten Informationen für dein Referat auszuwählen. Welche Teile der Materialsammlung sind wichtig, welche verzichtbar? Was führt zu weit, was muss unbedingt erwähnt werden? Dazu musst du zunächst das Material inhaltlich verstehen.**

## 3.1 Mit Texten arbeiten

Um die wesentlichen Aussagen eines Textes zu erfasst, müssen zunächst **Leitgedanken** herausgearbeitet werden, diesen Vorgang nennt man exzerpieren. Ein Exzerpt ist ein Auszug aus einem Text, der die wichtigsten Gesichtspunkte (Leitgedanken, Kernsätze) zusammenstellt. Unwichtiges, Nebensächliches und Weiterführendes wird weggelassen.

Regel

**Leitgedanken aus Texten herausarbeiten (Exzerpieren)**

- Lies den Text aufmerksam durch, markiere Wichtiges mithilfe von Unterstreichungen, Symbolen und Hervorhebungen.
- Notiere, wo noch Handlungsbedarf besteht (Begriffe definieren, Zusammenhänge recherchieren, mehr Informationen einholen).
- Notiere Fragen, die dir spontan einfallen.
- Schreibe Stichwörter und verkürze Aussagen heraus, notiere erste eigene Überlegungen und Ideen. Schreibe eventuell eine kurze Zusammenfassung.
- Lies das Exzerpt durch; prüfe, ob alles verstanden ist, ergänze wenn nötig.

**1** Timo hat für sein Referat von seinem Lehrer das Material gestellt bekommen: Er soll anhand des rechts abgedruckten Textausschnittes 15 Minuten über den „Faktor 4" referieren. Er beginnt mit der Bearbeitung des Textes damit, dass er ihn markiert und mit Anmerkungen versieht. Versuche, das nachzuvollziehen.

a) Unterstreiche alle Wörter, die du nicht auf Anhieb erklären könntest.
b) Teile den Text deutlich in Abschnitte ein, versuche, die in der Überschrift angesprochenen „fünf Schritte" zu finden.
c) Man erkennt schnell, dass es um die „Senkung des Primärenergiebedarfs in Prozent" geht. Markiere alle diese Stellen im Text (mit gelbem Textmarker).
d) Nutze die rechte Spalte für Anmerkungen, Fragen ...

(Die Lösung dieser Aufgabe findest du auf den Seiten 64/65)

**Effizienzkette: Fünf kleine statt eines großen Schritts**

Meistens ist der Faktor 4 nicht mit einem einzigen Schritt zu erreichen. Dann kann die Strategie heißen, mehrere einander ergänzende und verstärkende kleinere Schritte nacheinander zu unternehmen, wie das folgende Beispiel zeigt:

Bei einer neuen Generation von Kraftwerken, den Gas- und Dampfturbinenkraftwerken, erhöht sich der Wirkungsgrad, das heißt das Verhältnis von zugeführter Primärenergie zu abgegebener Endenergie Strom, von heute rund 34 – 40 % auf 50 – 55 %. Das entspricht einer Erhöhung der Ausbeute pro Einheit Primärenergie um 28 % beziehungsweise einer Senkung des Primärenergiebedarfs auf 72 %.

Kombiniert man mit Kraft-Wärme-Kopplung (wo diese noch nicht vorhanden ist) sowie mit Gas-Brennwert-Kesseln kann man eine weitere Wirkungsgradsteigerung um 25 % erreichen, d. h. eine Senkung des Primärenergiebedarfs auf 75 % des bisherigen.

Die novellierte Wärmeschutzverordnung von 1995 zielt auf eine Reduktion des Raumwärmebedarfs um ein Drittel. Gleichzeitig könnte der Strombedarf der Haushaltsgeräte um ein Drittel sinken. Das wäre weit weniger als das, was wir [...] als technisch möglich bezeichnet haben. Zusammen ergäbe sich eine weitere Senkung des Primärenergiebedarfs auf 67 % des bisher errechneten.

Weiter nehmen wir an, dass der Modellhaushalt eine Verminderung der Vergeudung um 7 % schafft und dass zusätzlich eine Verminderung des Energiekomforts um 3 % akzeptiert wird. Es geht dabei (mit unscharfer Trennlinie zwischen Vergeudungsvermeidung und Komfortverzicht) um das Abstellen der Heizung bei Abwesenheit, das Löschen nicht benötigter Lichter, das Wäschewaschen mit nicht zu warmem Wasser, die Benutzung von Dampfdrucktöpfen und vielleicht auch darum, sich wärmer zu kleiden, um die Raumtemperatur auf ein vernünftiges Maß senken zu können. Mit diesen Maßnahmen wird der Primärenergiebedarf noch einmal gesenkt, und zwar auf 90 % des bisher errechneten.

Schließlich nehmen wir an, dass durch dezentrale Biogasanlagen, Stroh- und andere Biomasse-Reststoffe, Solarenergie ..., Windkraft und Wasserkraft ein zwanzigprozentiger Beitrag zur Energieversorgung geleistet werden kann, was den Primärenergiebedarf aus zentraler Versorgung erneut auf 80 % des bisher errechneten senkt.

Die fünf Schritte ergeben zusammen eine Reduktion von
$72\% \cdot 75\% \cdot 67\% \cdot 90\% \cdot 80\% = 26\%$
Das entspricht ziemlich genau einem Faktor 4.

Ernst Ulrich v. Weizsäcker, Amory B. Lovins und L. Hunter Lovins, Faktor vier. Doppelter Wohlstand – halbierter Naturverbrauch. Der neue Bericht an den Club of Rome. (WBG Darmstadt). München, 1997[10], S. 97 – 98.

## 3.2 Tabellen und Schaubilder analysieren

Regel

**Tabellen, Statistiken, Grafiken und Schaubilder**

- Grafische Darstellungen bieten - im Vergleich zum Text - den Vorteil einer raschen Informationsvermittlung.
- Man sollte nur Schaubilder verwenden, die man selbst genau verstanden hat und daher auch gut und vollständig erklären kann.
- Auch bei einer grafischen Darstellung muss stets die Quelle/Fundstelle angegeben werden.

**2** Leonie hat für ihr Referat zum Thema „Jugendgewalt" eine Statistik gefunden, die sie für sehr aufschlussreich hält.

**Gewalt- und Mehrfachgewalttäter-Raten nach Anzahl der delinquenten Freunde (in %)**

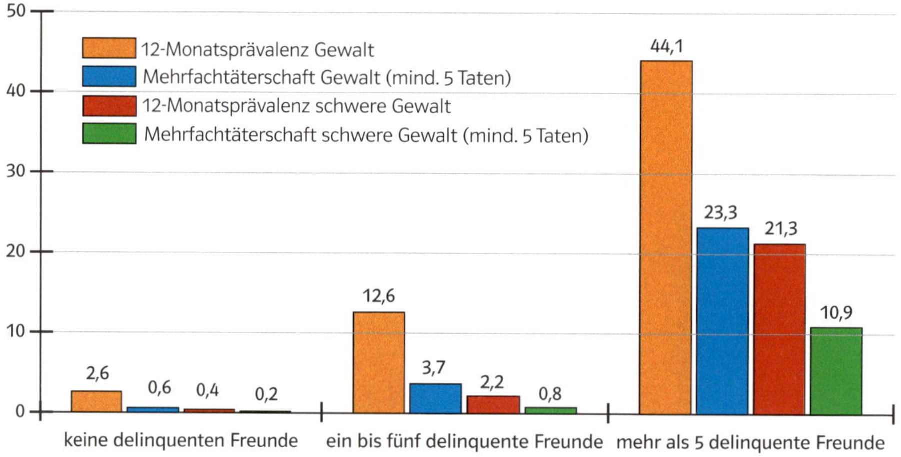


Nach: Forschungsbericht Nr. 107, Kriminologisches Forschungsinstitut Niedersachsen e.V., Seite 83, Abb. 5.22

a) Was bedeuten die Zahlen auf der y-Achse (senkrechte Linie)?

______________________________________________

b) Wofür stehen die vier verschiedenfarbigen Säulen?

______________________________________________

c) Welche Begriffe muss sie unbedingt erklären können?

______________________________________________

## 3.3 Hauptkriterien für die Materialauswahl

Regel

**Die wichtigsten Faktoren bei der Bewertung des Materials**

Orientiere dich bei der Entscheidung darüber, was weggelassen, reduziert, oder besonders aufbereitet werden soll, an diesen vier Faktoren:

- **Faktor 1: Das Thema** - Passt das Material zum gestellten Thema?
- **Faktor 2: Der zeitlicher Rahmen** - Bin ich im Rahmen der Zeitvorgabe?
- **Faktor 3: Die Aufnahmefähigkeit der Zuhörer** - Ist das verständlich?
- **Faktor 4: Die eigenen Intentionen** - Was sollen die Zuhörer am Ende wissen/ können? Habe ich alle mir wichtigen Faktoren berücksichtigt?

## 3.4 Faktor 1: Das Thema

Regel

**Der Vergleich mit der Stichwortsammlung**

- Nimm deine Stichwortsammlung zur Hand und prüfe, ob zu zu jedem Punkt ausreichend Informationen gesammelt und bearbeitet hast.
- Es kommt vor, dass du nach der intensiven Arbeit mit dem Material noch ganz neue Aspekte gefunden hast, die dir in deiner Stichwortsammlung noch fehlen. Trage sie nach!
- Prüfe kritisch, ob deine anfänglichen Schwerpunkte noch stimmen.
- Prüfe, ob dein Arbeitsthema noch passend ist oder ob das Thema (nach Absprache mit der Lehrkraft) noch geändert werden kann.

**3** **Ayse bereitet ein Grundsatzreferat vor mit dem Arbeitstitel „Energiekrise - eine Herausforderung für Industrie, Politik und jeden Einzelnen". Beurteile, wie sie im Vergleich zu Timo (Aufgabe 1) mit dem Artikel von Seite 45 umgehen sollte, den sie nur als eines von vielen Materialien verwendet. Bewerte die Möglichkeiten im Heft.**

a) Sie muss den Text genauso intensiv durcharbeiten wie Timo.
b) Sie geht nur auf die Reduzierung des Energiebedarfs im Privathaushalt ein.
c) In ihrem Referat verweist sie nur ganz kurz auf den Artikel und empfiehlt ihn zur Lektüre.
e) Zahlenangaben (in Prozenten) spielen für Ayse nur eine geringe Rolle.

## 3.5 Faktor 2: Der zeitliche Rahmen

Regel

**Den Faktor Zeit berücksichtigen**

Manchmal wird man Material finden, das einen Inhalt sehr komplex behandelt. Dann gilt:

- Kann ich den Inhalt so zusammenfassen oder einkürzen, dass der Rahmen meines Referats nicht gesprengt wird?
- Kann ich den vielschichtigen und/oder komplizierten Inhalt so aufbereiten, dass der Zeitbedarf während des Vortrags überschaubar wird?

**4** Angelinas Referatthema für ein Kurzreferat (5 Minuten) lautet:
„Wie kann jeder Einzelne von uns seinen Beitrag zur Bewältigung der Energiekrise leisten."
Sie findet den Textausschnitt (Seite 45).
Was hältst du von den folgenden Möglichkeiten?

a) Schon beim ersten Durchlesen stellt sie fest, dass der Text sehr kompliziert ist und für ihr Thema eigentlich nicht viel bringt. Sie verwendet ihn gar nicht.

________________________________________

b) Sie notiert sich lediglich die praktischen (und leicht verständlichen) Beispiele aus dem fünften Abschnitt.

________________________________________

c) Sie hat eine Idee, wie der Inhalt in einem Schaubild dargestellt werden kann.

________________________________________

d) Sie nimmt den Text nur in ihr Handout (vgl. Seite 89/90) auf.

________________________________________

Tipp

Was du wirklich verstanden hast, kannst du in den meisten Fällen auch sehr gut knapp und verständlich wiedergeben.

## 3.6 Faktor 3: Das Publikum

Wenn du dich erst eine Weile mit dem Thema intensiv auseinandergesetzt hast, werden dir viele Zusammenhänge klar, auch Fachbegriffe kannst du dann sicher verstehen. Denke aber immer an deine Zuhörerinnen und Zuhörer, die sich vielleicht noch überhaupt nicht mit dem Thema deines Vortrags auseinandergesetzt haben!

Regel

**Fachbegriffe und schwierige Zusammenhänge**

- Markiere von Anfang an schwierige Zusammenhänge und Fachbegriffe in deiner Materialsammlung.
- Plane die Zeit ein, die du benötigst, um deinem Publikum diese genau zu erklären. Rechne auch mit Rückfragen aus dem Publikum.

**5** **Timo (vgl. Aufgabe 1, Seite 44) stellt fest, dass er selbst ziemlich lange gebraucht hat, um den Text „Effizienzkette" wirklich zu verstehen. Was könnte er tun? Bewerte die Möglichkeiten.**

a) Er sollte einen anderen Text auswählen.

________________________________________

b) Er sollte den Text zu Beginn des Referates zweimal laut und deutlich vorlesen.

________________________________________

c) Er sollte den Text mit eigenen Worten formulieren und erklären.

________________________________________

d) Er sollte den Text austeilen, vorlesen und die anderen mitlesen lassen.

________________________________________

e) Er sollte versuchen, den Text grafisch mithilfe eines Schaubildes umzusetzen.

________________________________________

## 3.7 Faktor 4: Die eigenen Intentionen

Regel

**Denke an deine Absichten und Ziele**

- Was soll der Zuhörer am Ende wissen/können? Dient das Material, das ich einsetzen möchte, dazu das Ziel besser/vollständiger zu erreichen?
- Kann ich hinter dem stehen, was ich mitteilen möchte oder muss ich selbst kritisch dazu Stellung nehmen (und eventuell Zeit dafür einplanen)?
- Kann ich die Inhalte mit meinen technischen Möglichkeiten und mit dem, was ich verstanden habe, wirklich klar und nachvollziehbar darbieten?

**6** **Leonie möchte mit Ihrem Referat über Jugendgewalt auch erreichen, dass ihre Mitschülerinnen und Mitschüler Gewalt in der Klasse nicht mehr widerspruchslos hinnehmen. Bei ihrer Vorbereitung hat sie einen relativ komplizierten wissenschaftlichen Aufsatz mit Theorien über die Entstehung von Aggression gefunden.**
**Wie soll sie mit einem solchen Text umgehen?**

a) Sie arbeitet den Aufsatz genau durch und nennt in ihrem Referat zwei wissenschaftlich untermauerte Theorien und deren Vertreter.

b) Sie druckt auf einer Folie in einem übersichtlichen System (Mindmap) alle dargestellten Aggressionstheorien und die Namen ihrer Vertreter ab.

c) Sie stellt nur eine Theorie heraus, die sie - mit frei erfundenen Namen beteiligter Personen - an einem konkreten aktuellen Beispiel (aus der Schule) gut belegen kann.

**7** **Yanniks (persönliches) Ziel ist es, im Zuge seines Referats über Energiekrise/Energiesparen dem Publikum bewusst zu machen, dass Energie nicht selbstverständlich und grenzenlos zur Verfügung steht und dass deshalb ein verantwortungsbewusster Umgang sowie die Entwicklung neuer Technologien unerlässlich erscheint. Wie kann er dies erreichen?**

a) Er stellt Möglichkeiten alternativer Energiegewinnung vor und erklärt zwei davon technisch genauer.

b) Er erörtert Möglichkeiten der Einsparung bei elektrischer und Wärmeenergie.

c) Mit Unterstützung seines Physiklehrers ermittelt er die Stromstärke, die man mit einem modernen Nabendynamo am Fahrrad erzeugen kann, lässt einen Mitschüler kurz an einem Modell experimentieren und vergleicht das (gemessene) Ergebnis mit dem „Bedarf" einer 25-Watt-Glühbirne.

## Checkliste 3: Das Material verstehen und bewerten

Hinweise zur Arbeit mit der Checkliste findest du auf Seite 18.

| | | |
|---|---|---|
| 1 | Mein gesamtes Material liegt sauber geordnet und sortiert vor. | 1 2 3 4 5 |
| 2 | Ich habe alle ausgewählten Texte durchgearbeitet (exzerpiert) und verstehe sie vollkommen. | 1 2 3 4 5 |
| 3 | Ich könnte jeden Text in Kurzfassung mit eigenen Worten wiedergeben. | 1 2 3 4 5 |
| 4 | Ich kann schwierige Zusammenhänge und Fachwörter erklären. | 1 2 3 4 5 |
| 5 | Wenn Grafiken, Statistiken, Schaubilder oder Tabellen in meiner Materialsammlung enthalten waren, habe ich diese genau analysiert und verstanden. | 1 2 3 4 5 |
| 6 | Das von mir ausgewählte Material passt genau zum Thema. | 1 2 3 4 5 |
| 7 | Ich habe meine Materialsammlung nochmal mit meiner Stichwortsammlung verglichen:<br>Ich habe meine Stichwortsammlung angepasst.<br>Ich habe nichts Wesentliches vergessen. | 1 2 3 4 5 |
| 8 | Ich bin mir über meine Ziele, die ich mit dem Referat erreichen will oder soll bewusst. | 1 2 3 4 5 |
| 9 | Ich weiß, wie lange ich für mein Referat Zeit habe und weiß auch schon ungefähr, wie lange ich brauchen werde, um die Inhalte zu präsentieren. | 1 2 3 4 5 |
| 10 | Ich liege noch im Zeitplan (vgl. Seite 123), d.h. ich habe nicht wesentlich länger für die Bearbeitung der Materialien benötigt als geplant. | 1 2 3 4 5 |

## 1 Textarbeit ist wichtig. Und sie kann Spaß machen.

a) Lies den Text und markiere durch Unterstreichung die direkten Ratschläge für einen schlechten Redner.
b) Lege im Heft eine Tabelle an: In die linke Spalte schreibst du die Ratschläge für den schlechten, in die rechte das „Gegenstück", also die Ratschläge für einen guten Redner.
c) Was meint Tucholsky mit „Wellen, die von dir ins Publikum laufen"

________________________________________

________________________________________

e) Wo passen Tucholskys Ratschläge nicht ganz für schulische Referate?

________________________________________

### Kurt Tucholsky: Ratschläge für einen schlechten Redner

Fang nie mit dem Anfang an, sondern immer drei Meilen vor dem Anfang! Etwa so: „Meine Damen und Herren! Bevor ich zum Thema des heutigen Abends komme, lassen Sie mich Ihnen kurz..." Hier hast du schon so ziemlich alles, was einen schönen Anfang ausmacht: eine steife Anrede; der Anfang vor dem Anfang: Die Ankündigung, dass und was du zu sprechen beabsichtigst, und das Wörtchen kurz. So gewinnst du im Nu die Herzen und die Ohren der Zuhörer.

Denn das hat der Zuhörer gern: dass er Deine Rede wie ein schweres Schulpensum aufbekommt; dass du mit dem drohst, was du sagen wirst, sagst und schon gesagt hast. Immer schön umständlich. Sprich nicht frei – das macht einen so unruhigen Eindruck. Am besten ist es: du liest deine Rede ab. Das ist sicher, zuverlässig, auch freut es jedermann, wenn der lesende Redner nach jedem viertel Satz hochblick, ob auch noch alle da sind.

Wenn du gar nicht hören kannst, was man dir so freundlich rät, und du willst durchaus und durchum frei sprechen ... Du Laie! Du lächerlicher Cicero! Nimm dir doch ein Beispiel an unsern professionellen Rednern, an den Reichstagsabgeordneten – hast du die schon mal frei sprechen hören? Die schreiben sich sicherlich zu Hause auf, wann sie „Hört! hört!" rufen ... ja, also wenn du denn frei sprechen musst: Sprich, wie du schreibst. Und ich weiß, wie du schreibst.

Sprich mit langen, langen Sätzen – solchen, bei denen du, der du dich zu Hause, wo du ja die Ruhe, deren du so sehr benötigst, deiner Kinder ungeachtet, hast, vorbereitest, genau weißt, wie das Ende ist, die Nebensätze schön ineinandergeschachtelt, sodass der Hörer, ungeduldig auf seinem Sitz hin und her träumend, sich in einem Kolleg wähnend, in dem er früher so gern geschlummert hat, auf das Ende solcher Periode wartet ... nun, ich habe dir eben ein Beispiel gegeben. So musst du sprechen.

Fang immer bei den alten Römern an und gib stets, wovon du auch sprichst, die geschichtlichen Hintergründe der Sache. Das ist nicht nur deutsch – das tun alle Brillenmenschen. Ich habe einmal in der Sorbonne einen chinesischen Studenten sprechen hören, der sprach glatt und gut französisch, aber er begann zu allgemeiner Freude so: „Lassen Sie mich Ihnen in aller Kürze die Entwicklungsgeschichte meiner chinesischen Heimat seit dem Jahre 2000 vor Christi Geburt ...“ Er blickte ganz erstaunt auf, weil die Leute so lachten. So musst du das auch machen. Du hast ganz recht: man versteht es ja sonst nicht, wer kann denn das alles verstehen, ohne die geschichtlichen Hintergründe ... sehr richtig! Die Leute sind doch nicht in Deinen Vortrag gekommen, um lebendiges Leben zu hören, sondern das, was sie auch in den Büchern nachschlagen können ... sehr richtig! Immer gib ihm Historie, immer gib ihm.

Kümmere dich nicht darum ob die Wellen, die von dir ins Publikum laufen, auch zurückkommen – das sind Kinkerlitzchen. Sprich unbekümmert um die Wirkung, um die Leute, um die Luft im Saale; immer sprich, mein Guter. Gott wird es dir lohnen.

Du musst alles in die Nebensätze legen. Sag nie: „Die Steuern sind zu hoch.“ Das ist zu einfach. Sag: „Ich möchte zu dem, was ich soeben gesagt habe, noch kurz bemerken, dass mir die Steuern bei weiten ...“ So heißt das!

Trink den Leuten ab und zu ein Glas Wasser vor – man sieht das gern. Wenn du einen Witz machst, lach vorher, damit man weiß, wo die Pointe ist. Eine Rede ist, wie könnte es anders sein, ein Monolog. Weil doch nur einer spricht. Du brauchst auch nach vierzehn Tagen öffentlicher Rednerei noch nicht zu wissen, daß eine Rede nicht nur ein Dialog, sondern ein Orchesterstück ist: eine stumme Masse spricht nämlich ununterbrochen mit. Und das musst du hören. Nein, das brauchst du nicht zu hören. Sprich nur, lies nur, donnere nur, geschichtele nur. Zu dem, was ich soeben über die Technik der Rede gesagt habe, möchte ich noch kurz bemerken, dass viel Statistik eine Rede immer sehr hebt. Das beruhigt ungemein, und da jeder imstande ist, zehn verschiedene Zahlen mühelos zu behalten, so macht das viel Spaß.

Kündige den Schluss Deiner Rede lange vorher an, damit die Hörer vor Freude nicht einen Schlaganfall bekommen. (Paul Lindau hat einmal einen dieser gefürchteten Hochzeitstoaste so angefangen: „Ich komme zum Schluss.“) Kündige den Schluss an, und dann beginne Deine Rede von vorne und rede noch eine halbe Stunde. Dies kann man mehrere Male wiederholen.

Du musst dir nicht nur eine Disposition machen, du musst sie den Leuten auch vortragen, das würzt die Rede. Sprich nie unter anderthalb Stunden, sonst lohnt es gar nicht erst anzufangen. Wenn einer spricht, müssen die andern zuhören – das ist deine Gelegenheit. Missbrauche sie.

Kurt Tucholsky: Gesammelte Werke Bd. III, Reinbek bei Hamburg, 1960, Seite 600

# 4 Struktur und Gliederung

**Von Anfang an hast du dich, mehr oder weniger bewusst, schon mit Struktur und der Gliederung deines Referates befasst:**
- **Deine Gedanken zum Thema (Stichpunktsammlung, Kapitel 1),**
- **deine gezielte Materialrecherche (Kapitel 2),**
- **und die Beschäftigung mit dem gesammelten Material (Kapitel 3)**

**müssten dir jetzt schon einen „roten Faden", eine Grobgliederung aufzeigen. Jetzt ist es an der Zeit, die Struktur endgültig festzulegen.**

## 4.1 Der generelle Aufbau

Eine klare inhaltliche Struktur erleichtert es dem Publikum, einem Vortrag zu folgen und die Informationen korrekt zu erfassen.

Regel

**Einleitung – Hauptteil – Schluss**

+ Die **Einleitung** soll die Zuhörer auf das Referat vorbereiten und in groben Zügen über die folgenden Inhalte informieren, bzw. die Zuhörer für das Thema sensibilisieren.
+ Der **Hauptteil** ist ausschließlich für die Behandlung der eigentlichen Themenstellung reserviert.
+ Der **Schluss** des Vortrags kann mit einer kurzen Zusammenfassung der wichtigsten Ergebnisse und/oder mit einem Ausblick abgeschlossen werden.

Dabei ist darauf zu achten, dass diese drei Abschnitte **unterschiedlich umfangreich** sind. Als grober Maßstab gilt: Einleitung und Schlussteil machen zusammen höchstens knapp ein Viertel des Vortrags aus.

## 4.2 Die Einleitung

In der Einleitung soll das Thema präsentiert sowie Aufmerksamkeit und Interesse der Zuhörer geweckt werden.
Nicht nur das Referat an sich, sondern bereits die Darbietung des Themas soll Interesse und eine gewisse Neugierde bei den Zuhörern wecken.

Regel

**Die Einleitung: 1. Das Thema vorstellen**

Wenn es gelingt, schon zu Beginn des Vortrags die Aufmerksamkeit des Publikums zu gewinnen, fällt der Einstieg, der alleine schon wegen der Anspannung des Referenten meist nicht ganz einfach ist, etwas leichter.

- Versuche, das Thema **durch ein Symbol, eine Zeichnung, ein Foto anschaulich zu machen**.
- Ist eine auffallende Visualisierung nicht möglich, kann es bereits hilfreich sein, eine **ansprechende sprachliche Formulierung** zu finden.

**Beispiel 1:** Mark referiert über das Thema „Woher kommt das Christentum?" Zu Beginn seines Vortrages legt er eine Folie (siehe rechts) auf den Overheadprojektor.

**Beispiel 2:** Nadine soll in ihrem Referat im Fach Ethik/Religion die Frage erörtern, ob und in welchem Maße Jesus Christ war. Zu Beginn Ihres Referats stellt Sie sich vor die Klasse, wartet Ruhe ab, schaut in die Runde und fragt: „Feierte Jesus als Kind schon Erstkommunion?"

Tipp

**Tipps für die Präsentation des Themas**

- Den Wortlaut des Themas schön gestaltet auf ein Plakat oder eine Folie schreiben; ein Plakat kann z. B. am Kartenständer befestigt oder mit kleinen Magneten an die Tafel gehängt werden. So bleibt es während des gesamten Vortrags gut sichtbar in Erinnerung.
- Suche ein geeignetes Bild, das man mit auf eine Overhead-Folie kopieren bzw. auf dem Plakat mit dem Titel des Vortrags anbringen kann.
- Vielleicht bietet es sich an, selbst eine kleine Zeichnung oder eine Skizze zu fertigen, die dazu beiträgt, das Thema zu visualisieren?
- Auch ein Gegenstand, den man von zu Hause mitbringt und der zum Thema passt, kann das Interesse der Zuhörer wecken.

Regel

**Die Einleitung: 2. Einen Einstieg ins Referat finden**

- Die Aufgabe einer Einleitung besteht vor allem darin, die **Aufmerksamkeit** der Zuhörerinnen und Zuhörer für das Thema des Vortrags zu **gewinnen**.
- **Hinführung:** Die Einleitung soll auf den Inhalt des Referats hinführen, ohne inhaltliche Elemente vorwegzunehmen. So kann es sinnvoll sein, an dieser Stelle einen kurzen **Überblick über die Hauptpunkte** zu geben, die im Laufe der Ausführungen angesprochen werden sollen. Auch das **Ziel** des Referats kann hier angesprochen werden.
- In der Regel ist ein kurzer **Überblick** über die Referatinhalte verpflichtend.
- **Eingrenzung:** Ebenso kann man eventuell kurz auf Schwierigkeiten eingehen, die sich bei der Literatursuche oder bei der Ausarbeitung ergeben haben oder auch den einen oder anderen Punkt nennen, den man nicht ansprechen will oder kann.

**1** **Verbinde die Referatthemen (links) mit der passenden Gestaltungsmöglichkeit des Themas (rechts).**

| | | | |
|---|---|---|---|
| Ökologische Folgen intensiver Landnutzung in Nordafrika | ♦ | ♦ | Fotos aus Togo ca. 1880 bis 1890 |
| Gefahren des Raubbaus in Amazonien für das ökologische Gleichgewicht der Region | ♦ | ♦ | Ein paar Mitschüler/innen sind eingeweiht und erscheinen alle gleich angezogen. |
| Eine Woche im Leben einer Familie in Deutschland in der Zeit der Frühindustrialisierung | ♦ | ♦ | Trailer von „Der Vorleser" und „Herr der Ringe". |
| Ursachen für religiöse Spannungen zwischen Christen und Muslimen | ♦ | ♦ | Schaubild zum Holzabbau in Amazonien |
| Die Bedeutung technischer Erfindungen des 19. Jh. für die wirtschaftliche Entwicklung einer Stadt in Deutschland | ♦ | ♦ | Schüsseln auf einem Tisch, mit dem, was einer sechsköpfigen Arbeiterfamilie zum Essen zur Verfügung stand |
| Das Leben der einheimischen Bevölkerung in einer deutschen Kolonie in Afrika | ♦ | ♦ | Bild einer ausgetrockneten Oase |
| Literaturverfilmungen – ein neuer Trend? | ♦ | ♦ | Ausschnitt oder Trailer zum Film „Königreich der Himmel" (spielt in der Zeit der Kreuzzüge) |
| Schuluniformen – Pro und Kontra | ♦ | ♦ | Zwei Stadtpläne, einer von ca. 1800 einer von ca. 1900 |

**Beispiel 3:** Der Termin für Yanniks Referat über „Energiekrise und Energiesparen" liegt in der letzten Novemberwoche. Für die Eröffnung seines Vortrags plant er Folgendes: Er will zunächst die Mitschülerinnen und Mitschüler bitten, das Klassenzimmer zusammen mit der Lehrerin oder dem Lehrer für kurze Zeit zu verlassen. Wenn alle auf dem Gang sind, dreht er die Heizkörper auf die höchste Stufe, macht alle Fenster sperrangelweit auf und schaltet sämtliche Lichter sowie den Tageslichtprojektor, einen Laptop und einen CD-Player ein. Nach wenigen Minuten bittet er die Klasse wieder in das Zimmer.

Der Einstieg in das Referat ist nun fast schon geschafft, die Klasse ist - nach einer kurzen Phase der Beruhigung - etwas überrascht, aber sicher aufmerksam. (Selbstverständlich hat er diesen etwas gewagten Einstieg mit der Lehrerin oder dem Lehrer im Vorfeld abgesprochen.)

**2** **Das Thema zu einem Referat in Ethik/Religion lautet „Die Verantwortung des Menschen für die Schöpfung". Formuliere einen einleitenden Satz mit den vorgegebenen Leitbegriffen.**

a) Mensch - Erde - Konsum - Ende
b) Leben - Technik - bequem - zerstören - Zukunft

**3** **Formuliere das Thema spannend um und nenne Vorschläge für eine kreative Eröffnung/Einleitung.**

a) [Geschichte] Die politischen und wirtschaftlichen Folgen des 1. Weltkriegs für Deutschland
b) [Musik] Vergleich zweier Musikstücke aus Barock und Romantik (Bachkantate und Schubertlied)
c) [Wirtschaft] Ursachen und Folgen einer globalen wirtschaftlichen Krise (am Beispiel der Krise von 1930)

## 4.3 Der Hauptteil

Du musst genau wissen, was du mit deinem Vortrag erreichen willst (oder sollst), denn im Hauptteil sollst du deine gesammelten Gedanken und Informationen strukturiert und logisch wiedergeben.

Regel

**Der logische Aufbau – verschiedene Gliederungssysteme**

- **Entwicklung:** Was ist/wie ist die derzeitige Situation – Wie sollte es sein, was ist das Ziel? – Wie kommen wir dahin?
- **These – Antithese – Synthese:** Wie sehen es die Einen, wie sehen es die Anderen; gibt es einen Kompromiss/einen Ausweg/eine Synthese?
- **Pro und Kontra:** Was spricht dafür und dagegen? Vor- und Nachteile?
- **strategisch:** Ausgangslage, Ziel (wie erreichen?), Folgen/Widerstände
- **problemlösend:** Problem darstellen, Lösungsmöglichkeiten aufzählen
- **alternativ:** Wir machen das so, wie machen das andere, was gibt es noch?
- **argumentativ:** Behauptung, Argumente, Folgerung
- **informativ:** Thema – viele Informationen – evtl. Bedeutung
- **analytisch:** Problem, Ursache 1, Ursache 2 ...; evtl. Folgerung/Ausblick
- **finale Kette:** Maßnahme, Wirkung 1, Wirkung 2 ..., evtl. Ausblick
- **chronologisch:** Vergangenheit – Gegenwart – Zukunft (was war, was ist, was wird sein?); oder 1850, 1900, 1950 ...
- **geografisch:** vom Kleinen zum Großen, vom Großen zum Kleinen (bei uns in der Klasse, in Europa)
- **gruppenspezifisch:** Einzelperson, Gruppe der Schüler (Klasse); Schule, Gemeinde, Staat

**Formale Aspekte**

- Die erste Ebene wird mit arabischen Ziffern 1, 2, 3 ... unterteilt.
- Die zweite Ebene mit zwei Ziffern (1.1, 1.2, ..., 2.1, 2.2, ...)
- Die dritte Ebene analog mit drei Ziffern (1.1.1, 1.1.2, 1.1.3) usw.

Achte darauf, dass ein Gliederungspunkt nie alleine steht.

**4** Überlege dir zwei mögliche Gliederungssysteme und erstelle im Heft eine formal richtige Gliederung zu Janinas Stichpunktsammlung für den Hauptteil zu „$CO_2$-Emissionen – Ursachen, Folgen, Perspektiven".

- Ursachen/Verursacher: Energieerzeuger, Verkehr, Haushalte, Industrie
- Folgen/Auswirkungen: Schädigung der Ozonschicht, Klimawandel,
- Perspektiven/Auswege: technische Weiterentwicklungen (alternative Energien, neue Antriebstechnologie im Kfz-Bereich); geändertes Verbraucherverhalten ...; Technologievorsprung

Regel

### Dramaturgische Effekte und Überleitungen

Verbinde die einzelnen Punkte deines Hauptteils mit geeigneten Überleitungen.

- Der „rote Faden" des Vortrags muss erkennbar sein. Ein neuer Gedanke muss schlüssig aus dem vorigen hervorgehen, eine weiterführende Überlegung auf der richtigen Grundlage aufgebaut sein.
- Vermeide „Standardüberleitungen" wie „jetzt komme ich zu ...", „Als nächstes spreche ich von ...". Das einfache „Erstens - Zweitens - Drittens ..." kann jedoch (wenn es nicht zu viele Punkte sind) sehr effektiv sein.

Die Einzelpunkte können unterschiedlich angeordnet werden

- **ansteigend/fallend:** Das schwächste Argument zuerst, das stärkste zuletzt; die kleinste Maßnahme zuerst, die gravierendste zuletzt; bzw. umgekehrt.
- **dramatisierend:** Beginnend mit dem zweistärksten Argument werden die anderen ansteigend geordnet; man endet mit dem stärksten („Paukenschlag").
- **gleichmäßig:** ohne Wertung (Pro und Kontra; informativ).

**5** **Janina hat zu Beginn die negativen Folgen des hohen $CO_2$-Ausstoßes aufgezeigt, und möchte jetzt auf die Verursacher überleiten. Kommentiere.**

a) Wer aber ist Schuld daran? Wer verursacht denn $CO_2$? Nun, das sind vor allem Energieerzeuger, Verkehr, Haushalte und Industrie. Unter „Energieerzeuger" versteht man ...

b) Wenn man sich diese ganzen Folgen so ansieht, müsste man doch fordern, dass ein Liter Benzin mindestens fünf Euro kostet! Oder? Nun, der Anteil des $CO_2$-Ausstoßes von Kraftfahrzeugen ...

______________________________

______________________________

**6** **Finde eine Formulierung, mit der Janina auf ihren letzten Oberpunkt „Perspektiven - Auswege" überleiten könnte.**

______________________________

______________________________

Tipp

Nicht nur in der Einleitung, sondern auch während des Vortrags sollte man versuchen, durch kleine **Überraschungsmomente**, durch dezenten Einsatz von Medien oder durch andere kreative Art der Darbietung die Aufmerksamkeit der Zuhörerinnen und Zuhörer zu sichern.

## 4.4 Der Schluss

Regel

**Der Schluss**

- Kündige den Schluss an („abschließend", „zusammenfassend" ...).
- Der Schlussteil ist kurz und knapp.
- Der enthält je nach Gliederungssystem (siehe Seite 58):
  - eine kurze Zusammenfassung des Gesagten (in Wort oder Bild/grafisch),
  - einen Appell (Handlungsaufruf, Denkanstoß),
  - den Rückbezug zur Einleitung (das macht den Vortrag „rund"),
  - einen Ausblick,
  - ein Zitat,
  - eine Überleitung zu Diskussion oder Rückfragen,
  - kurze Aufzählung der Hilfsmittel (Personen, Tipps oder Materialien),
  - Dank für die Aufmerksamkeit
- Inhaltliche Nachträge haben hier nichts verloren!

**Beispiel 4:** Lennard referiert über „Alternative Energien". Die Atomkraft hatte er anfangs für den Hauptteil vorgesehen, es sich dann aber anders überlegt: Er beendet sein Referat mit einem „Knalleffekt" indem er mit einem Videoclip, der das Verladen und Einlagern nuklearer Abfälle zeigt, eindeutig Position bezieht, kommentiert mit „*Das* ist meiner Meinung nach, aufgrund der Gefahren, *keine* Alternative".

**7** Kreuze die Sätze an, die im Schlussteil vorkommen könnten. Begründe.

☐ 1. Der Wirkungsgrad bei der Erzeugung elektrischer Energie liegt in einem kombinierten Gas- und Dampfkraftwerk bei etwa 60 %.

______________________________

☐ 2. Ich gebe euch jetzt zuerst einen Überblick über die wichtigsten Aspekte alternativer Antriebstechnologien.

______________________________

☐ 3. Atomkraftwerke können nicht innerhalb von fünf Jahren durch ... ersetzt werden, weil ...

______________________________

☐ 4. Es war für mich ein echter Glücksfall, dass ich auf das Buch ... gestoßen bin, da ich hier Informationen über die weltweite Verteilung von Gas- und Erdölvorkommen in einer anschaulichen Darstellung gefunden habe.

☐ 5. Auf Prognosen im Hinblick auf drohende Veränderungen für Flora und Fauna konnte nicht eingegangen werden. Aber es würde sich lohnen, über folgendes Szenario nachzudenken: ...

---

Tipp

**„Verboten"** sind beim Schluss Entschuldigungen, Erklärungen oder Anbiederungen jeglicher Art im Sinne von: „Mehr kann ich dazu jetzt auch nicht sagen." „Leider konnte ich mich nicht besser vorbereiten, weil ...." „Ich hoffe, das hat euch interessiert/gefallen ..." „Ich bin jetzt fertig/am Ende/das war's."
Sehr effektiv hingegen ist: kurze Sprechpause nach dem letzten Satz - Blickkontakt - und ein schlichtes, lautes und deutliches „Danke".

**8** **Anja hat sich Schlusssätze für ihr Referat „Der Vorleser" überlegt. Welchen sollte sie nehmen und warum?**

a) Also ich finde, ihr solltet das Buch unbedingt lesen!
b) Es gäbe noch so viel über das Buch zu erzählen, aber leider ist die Zeit rum. Also dann ... ich bin jetzt fertig.
c) Ich finde, wir sollten unbedingt mit der ganzen Klasse ins Kino gehen und den Film ansehen.

---

---

Info plus

### Erkenntnisse der Lerntheorie

Eine logische Systematik hilft nicht nur den Hörern eines Vortrags, den Gedanken zu folgen, sondern ist auch beim Lernen nützlich ist. Versuche dir die Zahlen einzuprägen: 7 - 5 - 11 - 9 - 15 - 13 - 19 - 17 - 23 - 21 - 27 - 25 - 31 - 29 - 35.
Mithilfe von Systematik geht das einfach:

- Man fasst je drei Zahlen zu einer Untergruppe zusammen und versucht, sich diese insgesamt fünf Einheiten einzuprägen. Dabei wird man rasch feststellen, dass man regelmäßig von der ersten Zahl einer Dreiergruppe zunächst 2 zu subtrahieren und danach (zu dieser ersten Zahl) 4 zu addieren hat.
- Man befasst sich mit der Struktur der gesamten Zahlenfolge. Schon nach kurzer Überlegung entdeckt man das System -2 / +6.

## Checkliste 4: Struktur und Gliederung

Hinweise zur Arbeit mit der Checkliste findest du auf Seite 18.

| | | |
|---|---|---|
| 1 | Stichwort- und Materialsammlung sind sauber geordnet und vollständig abgearbeitet. | 1 2 3 4 5 |
| 2 | Ich habe mir überlegt, wie ich das Thema meines Referates deutlich vorstellen/präsentieren kann, sodass von Anfang an klar ist, worüber ich sprechen werde. | 1 2 3 4 5 |
| 3 | Ich habe mir einen Referateinstieg überlegt der Aufmerksamkeit erregt und/oder Interesse weckt. | 1 2 3 4 5 |
| 4 | Ich habe einen einleitenden ersten Satz für mein Referat gefunden und informiere mein Publikum über die folgenden Inhalte. | 1 2 3 4 5 |
| 5 | Ich habe alle Punkte meines Hauptteils nochmals auf Vollständigkeit hin überprüft. | 1 2 3 4 5 |
| 6 | Ich habe mir verschiedene Gliederungssysteme für meinen Hauptteil überlegt und mich für eines entschieden. | 1 2 3 4 5 |
| 7 | Ich habe eine saubere Gliederung geschrieben, die auch formal (Nummerierung) in Ordnung ist. | 1 2 3 4 5 |
| 8 | Ich habe mir passende Überleitungen überlegt, ein „roter Faden" ist durchwegs erkennbar. | 1 2 3 4 5 |
| 9 | Ich habe einen guten Schluss gefunden. | 1 2 3 4 5 |
| 10 | Die drei Teile Einleitung/Hauptteil/Schluss sind im richtigen Verhältnis zueinander: Der Haupteil nimmt ca. 3/4 der Vortragszeit ein. | 1 2 3 4 5 |

**1** Welche Sätze/Themen kommen wohl eher der Einleitung, welche im Hauptteil bzw. dem Schluss des Referats „Energiekrise – Energiesparen als Ausweg?" vor?

a) Wie hoch ist denn die jährliche Erdölfördermenge im Verlauf der letzten 20 Jahre?
b) Ich möchte zunächst versuchen, den Begriff „Energiekrise" zu definieren.
c) Im privaten Bereich gibt es viele Möglichkeiten des Energiesparens.
d) Kommen wir jetzt zu den Umweltschäden, die als Folge von zu hohen $CO_2$-Emissionen auftreten oder auftreten können.
e) Ich möchte euch einen kurzen Ausblick auf technische Möglichkeiten der Zukunft geben.
f) Die Abhängigkeit Deutschlands von fossilen Energieträgern ...
g) Ein weiterer interessanter Aspekt wäre der Vergleich der Energiekosten pro Tonne transportierter Waren im Güterverkehr auf dem Wasser und auf der Straße. Dies konnte aber aus Zeitgründen nicht untersucht werden.
h) Überraschend war für mich die Erkenntnis, dass moderne Haushaltsgeräte oft bis zu 80 % weniger Strom oder Wasser verbrauchen als 25 Jahre alte Maschinen.
i) Bei der Erarbeitung des Referats hat sich herausgestellt, dass ich das Thema weiter eingrenzen musste: Ich werde nur auf den Bedarf an Primärenergie in Deutschland, nicht aber in Europa eingehen.

**2** Suche nach einem geeigneten Einstieg ins Thema „Jugendgewalt", formuliere einen einleitenden Satz und finde eine Überleitung zwischen den beiden Gliederungspunkten 1.1 und 1.2.

1 Die häufigsten Ursachen von Jugendgewalt
1.1 Ein gewaltbereiter Freundeskreis erhöht die eigene Gewaltbereitschaft
1.2 Alkohol und Drogen als Risikofaktor

# 5 Material vortragsgerecht aufbereiten

**Vergiss nie, dass du einen Vortrag halten sollst. Auch wenn du dich inzwischen schon intensiv mit deinem Referat beschäftigt hast, bei einem Vortrag musst du noch einen Schritt weitergehen: Du musst jetzt die gesammelten Informationen und deine eigenen Gedanken sinnvoll verbinden und vortragsgerecht aufbereiten. Auch hier musst du wieder an die Hauptfaktoren denken: Thema, Zeit, Zielgruppe und Intention.**

## 5.1 Texte

Regel

**1. Schritt: Die Inhalte verstehen und verständlich formulieren**

- Um komplizierte Sachverhalte korrekt wiedergeben zu können, musst du sie zunächst selbst vollständig verstanden haben.
- Fachbegriffe müssen erklärt werden.
- Die Inhalte müssen in eigenen Worten wiedergegeben werden können.

**Beispiel 1:** Timo (er soll über den Textauszug rechts referieren) hat seinen Text intensiv durchgearbeitet (vgl. Seite 44, Nr. 1) und die Inhalte übersichtlich zusammengefasst:

**Effizienzkette: Faktor 4 – Wie lässt sich der Primärenergiebedarf (PE) senken?**
1. **Technischer Fortschritt:** erhöhter Wirkungsgrad von Kraftwerken von 34 – 40 % auf 50 – 55 %. ⇒ PE sinkt auf **72 %**.
2. **Technischer Fortschritt:** Kraft-Wärme-Kopplung + Gas-Brennwert-Kessel ⇒ PE sinkt auf **75 %**
3. **Politische Maßnahme + Technischer Fortschritt:** novellierte Wärmeschutzverordnung: Raumwärmebedarf und Strombedarf der Haushaltsgeräte sinkt um je ein 1/3 ⇒ PE sinkt auf **67 %**
4. **Verhaltensänderung Verbraucher:** weniger Vergeudung um 7 %; 3 % weniger Energiekomfort wird akzeptiert (= 10% weniger) ⇒ PE sinkt auf **90 %**
5. **Politische Maßnahme + Technischer Fortschritt:** erneuerbare Energien zu 20 % ⇒ PE sinkt auf **80 %**.

Die fünf Schritte ergeben zusammen eine Reduktion von

**72 % · 75 % · 67 % · 90 % · 80 % = 26 %**

Das entspricht ziemlich genau einem Faktor 4.

**Effizienzkette: Fünf kleine statt eines großen Schritts**

Meistens ist der Faktor 4 nicht mit einem einzigen Schritt zu erreichen. Dann kann die Strategie heißen, mehrere einander ergänzende und verstärkende kleinere Schritte nacheinander zu unternehmen, wie das folgende Beispiel zeigt:

effizient: sinnvoll, wirtschaftlich
Faktor (aus der Mathematik: Malnehmen mit ... also: viermal? viermal was?)

---

Bei einer neuen Generation von Kraftwerken, den Gas- und Dampfturbinenkraftwerken, erhöht sich der Wirkungsgrad, das heißt das Verhältnis von zugeführter Primärenergie zu abgegebener Endenergie Strom, von heute rund 34 – 40 % auf 50 – 55 %. Das entspricht einer Erhöhung der Ausbeute pro Einheit Primärenergie um 28 % beziehungsweise einer Senkung des Primärenergiebedarfs auf 72 %.

**1.** neue Kraftwerke haben einen höheren Wirkungsgrad
technischer Fortschritt (Wissenschaft, Forschung)
bestimmte Art von Kraftwerken (Politik? Industrie?)
Primärenergie (z.B. Kohle, Öl); Endenergie: Strom
höherer Wirkungsgrad ⇒ höhere Ausbeute (um 28%)
⇒ man braucht weniger „Primärenergie“, nämlich nur noch 72 %.

---

Kombiniert man mit Kraft-Wärme-Kopplung (wo diese noch nicht vorhanden ist) sowie mit Gas-Brennwert-Kesseln kann man eine weitere Wirkungsgradsteigerung um 25 % erreichen, d. h. eine Senkung des Primärenergiebedarfs auf 75 % des bisherigen.

**2.** rausfinden, was das ist!

wieder Wirkungsgrad (s.o.)

---

Die novellierte Wärmeschutzverordnung von 1995 zielt auf eine Reduktion des Raumwärmebedarfs um ein Drittel. Gleichzeitig könnte der Strombedarf der Haushaltsgeräte um ein Drittel sinken. Das wäre weit weniger als das, was wir … als technisch möglich bezeichnet haben. Zusammen ergäbe sich eine weitere Senkung des Primärenergiebedarfs auf 67 % des bisher errechneten.

**3.** scheint politische Richtlinie zu sein (rausfinden!)
Wie senkt man den „Raumwärmebedarf“? Isolierung?!
Wie senkt man den Strombedarf der Haushaltsgeräte?
Technisch ist (inzwischen) mehr möglich als man ursprünglich mal angenommen hatte.

---

Weiter nehmen wir an, dass der Modellhaushalt eine Verminderung der Vergeudung um 7 % schafft und dass zusätzlich eine Verminderung des Energiekomforts um 3 % akzeptiert wird. Es geht dabei (mit unscharfer Trennlinie zwischen Vergeudungsvermeidung und Komfortverzicht) um das Abstellen der Heizung bei Abwesenheit, das Löschen nicht benötigter Lichter, das Wäschewaschen mit nicht zu warmem Wasser, die Benutzung von Dampfdrucktöpfen und vielleicht auch darum, sich wärmer zu kleiden, um die Raumtemperatur auf ein vernünftiges Maß senken zu können. Mit diesen Maßnahmen wird der Primärenergiebedarf noch einmal gesenkt, und zwar auf 90 % des bisher errechneten.

**4.** weniger vergeuden, auf etwas Komfort verzichten

„unscharfe Trennlinie“: z.B. Licht ausschalten ist sowohl zum Teil „Vergeudungsvermeidung“ (Stromsparen) als auch „Komfortverzicht“ (weil man es erst ausschalten, dann wieder einschalten muss, weil es dunkel ist)
Zahlen 7 %, 3 % also nicht genau, insgesamt aber 10 % wohl realistisch

Beispiele, was jeder Einzelne tun könnte

---

Schließlich nehmen wir an, dass durch dezentrale Biogasanlagen, Stroh- und andere Biomasse-Reststoffe, Solarenergie …, Windkraft und Wasserkraft ein zwanzigprozentiger Beitrag zur Energieversorgung geleistet werden kann, was den Primärenergiebedarf aus zentraler Versorgung erneut auf 80 % des bisher errechneten senkt.

**5.** das sind alles „erneuerbare Energien“; diese sollen 20% des Energiebedarfs abdecken (politische Vorgabe?!)

---

Die fünf Schritte ergeben zusammen eine Reduktion von
$72\% \cdot 75\% \cdot 67\% \cdot 90\% \cdot 80\% = 26\%$
Das entspricht ziemlich genau einem Faktor 4.

26% ist ungefähr 25% = ein Viertel = Faktor 4?
Viermal so gut nutzen?!? Nur noch 1/4 verbrauchen?
Rechnung vestehen + prüfen! Grafisch darstellen?
Muss es nicht Reduktion auf heißen?

---

Ernst Ulrich v. Weizsäcker, Amory B. Lovins und L. Hunter Lovins, Faktor vier. Doppelter Wohlstand – halbierter Naturverbrauch. Der neue Bericht an den Club of Rome. (WBG Darmstadt). München, 1997[10], S. 97 – 98.

Quellenangaben: Wer sind die Autoren?
Titel (Doppelt-halbiert = Faktor vier) ist interessant!
Wer/Was ist „Club of Rome“?

Tipp

**Der Aha!-Effekt**

Gerade bei schwierigen Themen musst du oft nach vereinfachenden Beispielen suchen, die einen schwierigen Zusammenhang einprägsam erklären. Dabei muss die Vereinfachung aber sachlich immer noch stimmen und die Vereinfachung muss deutlich werden. Das ist manchmal sehr schwierig, bringt aber Pluspunkte weil sofort erkennbar ist, dass du dich mit dem Thema intensiv beschäftigt hast und Probleme transferieren kannst.

**1** **Alle Erklärungen der Fachbegriffe sind inhaltlich korrekt. Kreuze diejenige an, die dir zugleich aber möglichst einfach und für Mitschülerinnen und Mitschüler am besten verständlich und nachvollziehbar erscheint.**

a) Effizienzkette (im Zusammenhang mit dem Text)
- ☐ Reihe von Maßnahmen, die die Energienutzung wirkungsvoller machen.
- ☐ Eine Aneinanderreihung von Maßnahmen, die einen wirtschaftlicheren Umgang mit unseren Energieressourcen ermöglichen.
- ☐ Serie von Maßnahmen zur Steigerung des physikalischen Wirkungsgrades der eingesetzten Primärenergie.

b) Primärenergie
- ☐ Energieinhalt von Energieträgern, die noch keiner Umwandlung unterworfen wurden.
- ☐ Energie, die für die Stromerzeugung investiert wird (z. B. Öl, Gas, Kohle, Uran).
- ☐ Energetische Ressourcen, aus denen über verschiedene Umwandlungsprozesse nutzbare Energieträger gewonnen werden können.

c) Kraft-Wärme-Kopplung
- ☐ Nutzung der bei der Stromerzeugung anfallenden Wärme.
- ☐ Auskopplung von Nutzwärme, insbesondere bei der Stromherstellung, aus Brennstoffen.
- ☐ Neben der bei der Umwandlung von Energiequellen entstehenden mechanischen oder elektrischen Arbeit wird auch die anfallende Wärme genutzt.

**2** **Formuliere die beiden Kernsätze aus Abschnitt 4 des Textes vortragsgerecht in eigenen Worten. Achte darauf, dass in einem mündlichen Vortrag die Sätze kurz und prägnant sein sollten und deine Zuhörer Beispiele und Erklärungen brauchen, um dich zu verstehen.**

„[Es wird angenommen], dass der Modellhaushalt eine Verminderung der Vergeudung [von Energie] um 7 % schafft und dass zusätzlich eine Verminderung des Energiekomforts um 3 % akzeptiert wird. Es geht dabei (mit unscharfer Trennlinie zwischen Vergeudungsvermeidung und Komfortverzicht) um das Abstellen der Heizung bei Abwesenheit, [...] Mit diesen Maßnahmen wird der Primärenergiebedarf noch einmal gesenkt, und zwar auf 90 % des bisher errechneten."

Regel

**2. Schritt: Die Informationen sinnvoll anordnen**

Es gibt verschiedene Möglichkeiten einer „sinnvollen" Ordnung, das ist je nach Referatthema unterschiedlich (siehe Seite 58). Wichtig ist hier, vor allem zu bedenken, dass der Hörer den Vortrag nachvollziehen kann.

**Die Unterpunkte verbinden**

Damit ein (Unter-)punkt in sich geschlossen wirkt, muss man **Beginn und Ende mit Formulierungen kennzeichnen**, wie z. B. „in diesem Zusammenhang scheint es mir wichtig, auf … einzugehen" oder (am Ende der Einheit) „nach der Vorstellung dieser Ergebnisse komme ich zu …".

Regel

**3. Schritt: Kombination der Leitgedanken mit eigenen Gedanken**

Für ein wirklich gutes Referat genügt es meist nicht, einfach nur den Text in eigenen Worten wiederzugeben. Meist ist eine kritische Betrachtung oder eine sinnvolle Weiterführung der Gedanken erwünscht.

**Unterscheide immer deutlich zwischen deinen eigenen und fremden Gedanken!**

**3** Timos Quellentext ist aus dem Jahre 1997, also über 10 Jahre alt. Beurteile, wie er diese Tatsache im Schlusswort seines Referates kommentiert.

a) Leider ist der Text, den ich bekommen habe, schon ziemlich alt.

______________________________

b) Der Text stammt aus einem Buch, das schon vor über 10 Jahren geschrieben wurde. Das Thema „Energiesparen" ist also nicht neu!

______________________________

c) Die Denkanstöße aus dem Text sind immer noch aktuell, obwohl der Text schon über 10 Jahre alt ist.

______________________________

d) Schon vor über 10 Jahren wurde dieser Text veröffentlicht. Interessant wäre nun, zu fragen, was sich denn seitdem getan hat? Sind die Zielvorstellungen (wenigstens zum Teil schon) erreicht worden?

______________________________

**4** Timo stellt fest, dass er sowohl bei der Vorbereitung, als auch beim Referat selbst noch Zeit hat, und möchte noch zusätzliche Aspekte in sein Referat einsetzen, in dem es eigentlich nur um den gestellten Textauszug aus dem Buch „Faktor vier ..." gehen sollte. Was könnte er noch tun?

______________________________

______________________________

______________________________

______________________________

## 5.2 Tabellen, Diagramme und Schaubilder erstellen

Regel

**Grafische Darstellungen: Tabellen, Diagramme und Schaubilder**

- Tabellen erleichtern die Übersichtlichkeit (vor allem von Zahlenwerten).
- Diagramme und Schaubilder können einen Sachverhalt optisch einprägsam darstellen.
- Auch wenn du Diagramme selbst erstellst: Gib immer die Quelle der Daten an! Es darf auf keinen Fall der Eindruck entstehen, als würde man irgendwelche Zahlenwerte zitieren, die einer zuverlässigen, seriösen Basis entbehren.
- Tabellen und Diagramme dürfen nicht zu viele Daten enthalten, da sie meist erklärt werden müssen. Manchmal ist es sinnvoll, mit weniger Daten zu arbeiten.
- Prüfe kritisch, ob deine Grafik das Gesamtverständnis wirklich erhöht.

**5** Lies zunächst den Text aufmerksam durch, vervollständige dann die Tabelle und das Balkendiagramm. Vergleiche die drei Darstellungsarten und notiere die Fakten, die für dich als Referenten wichtig sind.

Wenn man eine Darstellung oder Beschreibung nur liest, vergisst man nach relativ kurzer Zeit 90 % der aufgenommenen Informationsmenge. Wenn man sie hört, liegt der Anteil des (rasch) Vergessenen bei 80 %. Wenn man einen Sachverhalt weder liest noch hört, sondern als Bild oder Grafik sieht, vergisst man 70 %. Wird die Information über Hören und Sehen aufgenommen, liegt die Vergessensrate bei 50 %. Beschreibt man etwas selbstständig, reduziert sich die Vergessensquote auf 30 %. Führt man etwas selbst aus (eigenes Tun), bleibt es am längsten in Erinnerung und man vergisst nur noch 10 %.

Quelle: Johannes Holler; Das neue Gehirn, Junfermann, Paderborn, 1997

| Wahrnehmungsart | Vergessen in % |
|---|---|
| Lesen | |
| Hören | |
| Sehen | |
| Hören und Sehen | |
| selbst sagen | |
| selbst handeln | |

Daten nach:
J. Holler: Das neue Gehirn, Paderborn, 1997

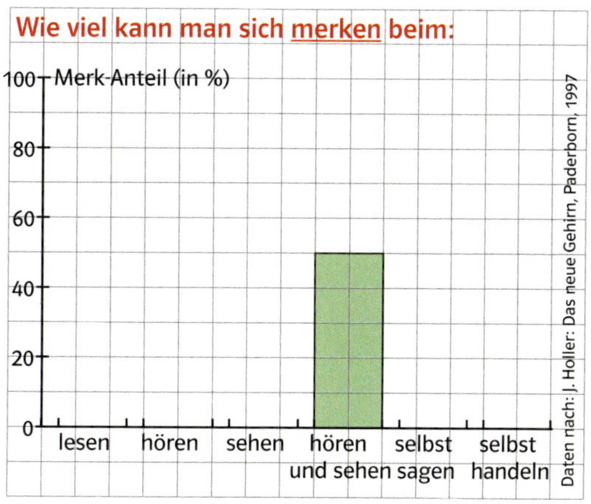

Regel

**Diagramm-Arten**

- Verwende **Balkendiagramme**, um absolute Größen zu vergleichen.
- Mit **Kreisdiagrammen** lassen sich Anteile gut darstellen.
- **Liniendiagramme** sind für zeitliche Verläufe/Entwicklungen meist optimal.

**6** **Leonie hat für ihr Referat *Jugendgewalt* Angaben über die Art der Delikte an Berliner Schulen und deren Häufigkeit ab dem Schuljahr 2000/01 gefunden. Für ihren Vortrag sucht sie nach einer Möglichkeit, die Zahlen grafisch darzustellen.**

a) Stelle, alle Zahlenwerte der oberen Tabelle in *einer* Grafik dar (ohne Gesamtzahl). Welche Diagramm-Art ist wohl am geeignetsten?

b) Die absolute Zahl der Bedrohungen ist in den betrachteten fünf Jahren gestiegen, prozentual jedoch gesunken. Interpretiere diese Tatsache.

| **Anzahl der Meldungen (absolut)** | | | | | |
|---|---|---|---|---|---|
| **Delikt** | **2000/01** | **2001/02** | **2002/03** | **2003/04** | **2004/05** |
| Bedrohung | 65 | 72 | 122 | 96 | 159 |
| Beleidigung | – | – | – | 10 | 22 |
| Erpressung | 2 | 3 | 16 | 4 | 6 |
| Körperverletzung | 88 | 88 | 147 | 183 | 368 |
| gefährliche Körperverletzung | 59 | 46 | 84 | 182 | 204 |
| Raub | 1 | 3 | 14 | 24 | 25 |
| (Rechts-)Extremismus | 50 | 36 | 26 | 39 | 62 |
| Sachbeschädigung | 4 | 2 | 6 | 11 | 16 |
| Sonstige | 1 | 5 | 7 | 11 | 32 |
| Insgesamt | 270 | 255 | 422 | 560 | 894 |

| **Prozentualer Anteil der Delikte an der Gesamtzahl der Delikte im Schuljahr** | | | | | |
|---|---|---|---|---|---|
| **Delikt** | **2000/01** | **2001/02** | **2002/03** | **2003/04** | **2004/05** |
| Bedrohung | 24,1 | 28,9 | 28,9 | 17,1 | 17,8 |
| Beleidigung | | | | 1,8 | 2,5 |
| Erpressung | 0,7 | 1,2 | 3,8 | 0,7 | 0,7 |
| Körperverletzung | 32,6 | 34,5 | 34,8 | 32,7 | 41,2 |
| gefährliche Körperverletzung | 21,9 | 18,0 | 19,9 | 32,5 | 22,8 |
| Raub | 0,4 | 1,2 | 3,3 | 4,3 | 2,8 |
| (Rechts-)Extremismus | 18,5 | 14,1 | 6,2 | 7,0 | 6,9 |
| Sachbeschädigung | 1,5 | 0,8 | 1,4 | 2,0 | 1,8 |
| Sonstige | 0,4 | 2,0 | 1,7 | 2,0 | 3,6 |

* Die Kategorie „Beleidigung" wurde erstmals im Schuljahr 2003/04 erfasst.
Quelle: http://bildungsklick.de/datei-archiv/21115/Gewaltbericht05-neu.pdf

**Tipp**

Beschäftige dich mit der **Diagrammfunktion in Computerprogrammen** wie Microsoft Excel®.
Mit etwas Übung kannst du so übersichtliche Diagramme erstellen und sie ohne großen Aufwand in beliebiger Größe ausdrucken, mit einem Overheadprojektor präsentieren oder in eine Computer-Präsentation einbauen.

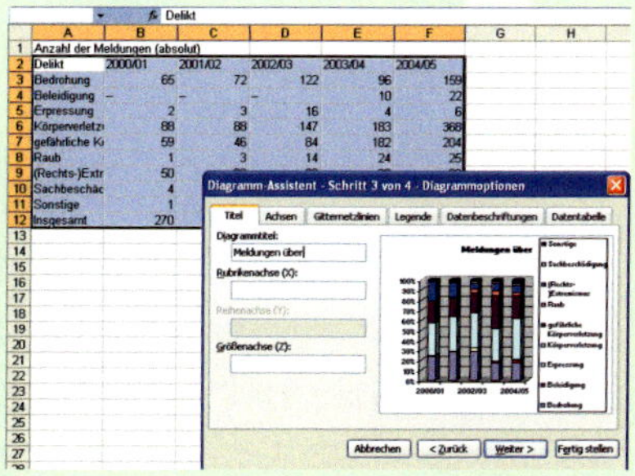

**Regel**

### Schaubilder

- Schaubilder (auch Diagramme gehören dazu) bieten stark reduzierte Aussagen an, die aber trotzdem den Sinn komplett wiedergeben.
- Schaubilder sollen das von dir Gesagte nicht ersetzen, sondern unterstützen.
- Gestalte sie übersichtlich.

**Beispiel 2:** Timo hat es geschafft, die wesentlichen Aussagen des Textauszugs „Faktor vier" in einem Schaubild übersichtlich darzustellen:

sinkt durch 5 kleine Schritte auf ca. ein Viertel!

100 % — jetziger Primärenergieverbrauch (Öl, Kohle ...) = 100 %
↓ sinkt auf 72 %
72 % — 1. erhöhter Wirkungsgrad von Kraftwerken — technischer Fortschritt
↓ sinkt auf 75 %
54 % — 2. Kraft-Wärme-Kopplung Gas-Brennwert-Kessel — technischer Fortschritt
↓ sinkt auf 67 %
36 % — 3. novellierte Wärmeschutzverordnung — politische Maßnahme + technischer Fortschritt
↓ sinkt auf 90 %
33 % — 4. Energie-Sparen — Verhaltensänderung Verbraucher
↓ sinkt auf 80 %
26 % — 5. erneuerbare Energien — politische Maßnahme + technischer Fortschritt

Daten nach: Weizsäcker u. a.: Faktor vier ..., München, 1997

**7** Welche Möglichkeiten gibt es, die Grafik aus Beispiel 2 geeignet zu präsentieren? Denke an technische Möglichkeiten und den Ablauf.

## 5.3 Bilder, Fotos, Filme und Musik nutzen

Regel

**Nicht alles, was flimmert und tönt ist angemessen**

- Bilder sollten sparsam verwendet werden: Sie sollen wirken (das braucht Zeit!) und müssen unter Umständen erklärt werden.
- Bilder eignen sich besonders als Einstieg in einen (Unter-)punkt, um die Aufmerksamkeit der Zuhörer (wieder) zu gewinnen.
- Achte auf eine ausreichend große, wenn möglich farbige Darbietung eines Bildes (über Folie, Beamer), damit es alle problemlos sehen können.
- Vermeide den Einsatz grausamer, hässlicher oder obszöner Darstellungen.
- Gib auch bei Bildern stets den Fundort an!
- Beachte beim Abspielen von Filmen und Musik, dass die Nachbarklasse nicht gestört wird.
- Filme (auch Ausschnitte) dauern. Selbst ein Filmtrailer dauert um die zwei bis drei Minuten. Bei einem Kurzreferat bleibt dir dann wenig Zeit, unter Umständen *zu* wenig, um dein Vortragsziel zu erreichen.

**8** Leonie hat im Internet viele verschiedene Bilder zum Thema Jugendgewalt gefunden. Worauf sollte Sie achten?

______________________________________________

______________________________________________

**9** Erkundige dich, wo du an deiner Schule oder über die Schule Filme oder Fotos besorgen kannst.

**10** Gehe von folgender Situation aus. Dein Thema ist der Roman „Der Vorleser". Du willst über Gründe für dessen Erfolg reden. Dazu zeigst du auch den Filmtrailer der Romanverfilmung. Wie könntest du die Filmvorführung einleiten und wie zu deinem Thema verbinden?

Tipp

Mithilfe Microsoft PowerPoint® oder anderen Bildschrimpräsentationsprogrammen kann man Bilder sehr gut über einen Beamer präsentieren. Auch hier gilt: üben und ausprobieren!

## Checkliste 5: Material vortragsgerecht aufbereiten

Hinweise zur Arbeit mit der Checkliste findest du auf Seite 18.

| | | |
|---|---|---|
| 1 | Mein bearbeitetes Material und die Gliederung liegen sauber und übersichtlich geordnet vor. | 1 2 3 4 5 |
| 2 | Ich habe für alle Quellentexte vortragsgerechte Formulierungen gefunden.<br>Zitate habe ich deutlich hervorgehoben. | 1 2 3 4 5 |
| 3 | Meine Anmerkungen zu den Quellentexten und meine eigenen Überlegungen liegen (stichpunktartig oder ausformuliert) schriftlich vor. | 1 2 3 4 5 |
| 4 | Ich habe mir nochmal genau überlegt, ob mein Publikum auch alles verstehen kann, was ich vortrage (Zusammenhänge, Fachbegriffe). | 1 2 3 4 5 |
| 5 | Ich habe mir überlegt, ob ich Teile meines Vortrags grafisch darstellen oder mit Bildern illustrieren kann oder sollte. | 1 2 3 4 5 |
| 6 | Meine Tabellen, Diagramme und Schaubilder (wenn ich welche verwende) sind inhaltlich stimmig, vollständig und nicht überladen. Die zentrale Aussage ist „auf einen Blick" erkennbar. | 1 2 3 4 5 |
| 7 | Meine Bilder und Fotos passen zum Thema, illustrieren das, was ich aussagen will und sind mit Quellenangaben versehen. | 1 2 3 4 5 |
| 8 | Alle Informationen sind logisch verbunden, es lässt sich ein „roter Faden" in meinem Vortrag erkennen; die Überleitungen sind abwechslungsreich und nachvollziehbar. | 1 2 3 4 5 |
| 9 | Ich kann inzwischen mein Referat schon fast auswendig. | 1 2 3 4 5 |

Folgender Textausschnitt stammt aus einem Bericht über ein gemeinsames Forschungsprojekt des Bundesministeriums des Innern und des KFN (Kriminologisches Forschungsinstitut Niedersachsen e.V.), bei der in neun Thesen die Ergebnisse der Untersuchung zusammengefasst werden.
(Forschungsbericht Nr. 107, Zusammenfassung: Neun Thesen)

**[These] 2. Zur Entwicklung der Jugendgewalt zeigen die Befunde [...] seit 1998 insgesamt betrachtet eine gleichbleibende bis rückläufige Tendenz.**

Die Gegenüberstellung der Ergebnisse von repräsentativen Schülerbefragungen, die in acht Städten aus sieben Bundesländern in den Jahren 1998/99 bzw. 2005 bis 2008 durchgeführt wurden, ergibt einen für die breite Öffentlichkeit eher überraschenden Befund. Die Quote der Jugendlichen, die nach eigenen Angaben in den zwölf Monaten vor der Befragung mindestens eine Gewalttat begangen haben, ist in keiner der acht Städte angestiegen und überwiegend sogar beträchtlich gesunken. Sie lag 1998/99 zwischen 17,3 und 24,9%, in den Jahren 2005 bis 2008 zwischen 11,5 und 18,1%. Auch zu den Mehrfachtätern (fünf und mehr Gewaltdelikte während der letzten zwölf Monate) fällt der Trend insgesamt gesehen entsprechend aus (1998/99: Quoten zwischen 3,3 und 8,2%; 2005–2008: Quoten zwischen 3,0 und 5,0%). Nur in zwei der acht Vergleichsstädte ist seit 1998 ein leichter Anstieg der Quoten der Mehrfachtäter festzustellen. Für die einzelnen Gewaltdeliktbereiche (Raub, Erpressung, Körperverletzung) zeigen sich ebenfalls in den meisten Gebieten rückläufige Trends; teilweise gibt es aber auch über die Zeit konstante oder leicht ansteigende Raten. Insbesondere zur Körperverletzung sind die Befunde uneinheitlich. Ein drastischer Anstieg der Jugendgewalt – wie teilweise in den Medien berichtet – kann jedoch nach den vorliegenden Befunden insgesamt nicht bestätigt werden. [...]

Quelle: http://wwwedit.kfn.de/home/Forschungsbericht_107.htm; aus dem Internet am 8.5.2009

1 Formuliere die Zeilen 1 bis 11 vortragsgerecht.

______

______

______

______

______

______

______

2 Erstelle ein Balkendiagramm, in dem alle Zahlenwerte des Artikels widergegeben werden. Tipp: Verwende zwei sich überschneidende Balken für die von-bis-Angaben.

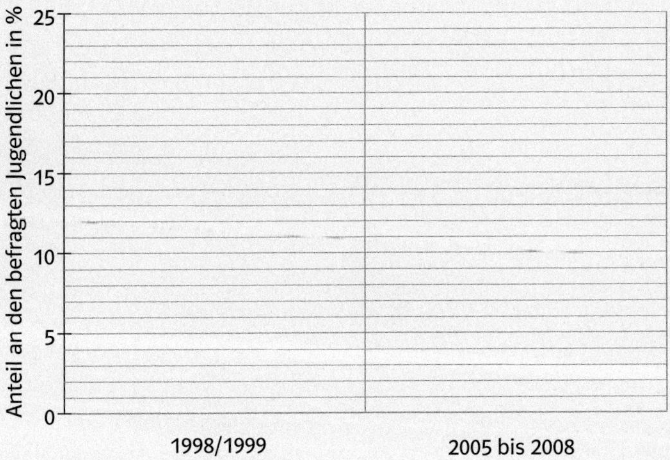


Daten nach: http://wwwedit.kfn.de/home/Forschungsbericht_107.htm; aus dem Internet am 8.5.2009

3 Welcher Widerspruch ergibt sich aus dem Text (scheinbar?) zum „Gewaltbericht ..." (Seite 70). Wie können diese Widersprüche erklärt werden? Wie geht man im Referat mit solchen Widersprüchen um?

Kernaussage „Gewaltbericht", Seite 70: ______________________________

Kernaussage „Forschungsbericht" Seite 74: ______________________________

Erklärungsversuche: ______________________________

______________________________

4 Welche Aussagen des Textes könnten daraufhindeuten, dass Berichte in der Presse, laut denen Jugendgewalt ansteigt, eventuell doch richtig sind? Formuliere in eigenen Worten. Wie gehst du in einem Referat mit dieser Problematik um?

______________________________

______________________________

______________________________

______________________________

# 6 Medieneinsatz

**Welche Geräte braucht man bzw. welche stehen zur Verfügung?**
**Welche äußeren Bedingungen findet man für den Vortrag vor?**
**In welcher Situation befinden sich die Zuhörerinnen und Zuhörer?**
**Was ist wie sinnvoll umzusetzen – worauf sollte besser verzichtet werden?**

## 6.1 Die räumlichen und technischen Voraussetzungen

Regel

**Grundvoraussetzungen für den Medieneinsatz**

- Das Medium muss für alle gut sichtbar sein.
- Die Inhalte müssen gut erkennbar sein (groß, übersichtlich, lesbar).
- Es ist genügend Zeit vorhanden, um eine Wirkung zu erzielen.
- Die Technik muss bereitstehen und funktionieren.

**1** Kreuze an, was in einem Klassenzimmer deiner Schule zur Verfügung steht und relativ einfach eingesetzt werden kann.

| | ja | nein |
|---|---|---|
| a) Tafel (auch zur Magnet-Fixierung von Plakaten) | ☐ | ☐ |
| b) Kartenständer | ☐ | ☐ |
| c) Projektionsfläche („weiße Wand", Leinwand) | ☐ | ☐ |
| d) Pinnwand/Stelltafel | ☐ | ☐ |
| e) CD-Player | ☐ | ☐ |
| f) Overheadprojektor | ☐ | ☐ |
| g) Diaprojektor | ☐ | ☐ |
| i) Laptop/PC mit Beamer | ☐ | ☐ |
| j) Fernseher mit Video-/DVD-Spieler | ☐ | ☐ |
| k) DVD-Player | ☐ | ☐ |
| l) Musik-/Klanginstrumente | ☐ | ☐ |

Tipp

Für **chemische oder physikalische Versuche**, selbst wenn sie von einfacher Art sind, ist es – nach Rücksprache mit der Lehrerin oder dem Lehrer – sicher sinnvoll, den entsprechenden Fachraum zu benützen. Dabei sind grundsätzlich die geltenden Sicherheitsvorschriften zu beachten.

## 6.2 Präsentationsmedien sinnvoll auswählen

Regel

**Einsetzbare Medien**

| | |
|---|---|
| **auditive Medien (Hörsinn)** | Tonband, Kassettenrekorder, CD/DVD-Spieler, Musikinstrumente, Computer |
| **visuelle Medien (Sehsinn)** | Tafel, Flipchart, Pinnwand, Overheadprojektor, Beamer, Diaprojektor |
| **audiovisuelle Medien hören und sehen** | Filme, Videos, Fernseher, Interviews, DVDs |
| **haptische Medien (Tast-/Geruchssinn)** | Modelle, Anschauungsmaterial; Durchreichen von Ausdrucken, Fotos etc. |

**2** Suche das wahrscheinlich geeignetste Präsentationsmittel.

| | | | |
|---|---|---|---|
| Strichliste, die die Ergebnisse einer kurzen Umfrage in der Klasse: „Wer ist für Schuluniformen?" die zu Beginn des Referats gemacht wird, wiedergibt. | ♦ | ♦ | Computer/Beamer |
| Farbiges Balkendiagramm über die Häufigkeit von Gewaltdelikten. | ♦ | ♦ | Fernseher mit Video-/DVD-Spieler |
| Geografische Lage des Drei-Schluchten-Staudammes in China | ♦ | ♦ | Karte auf Kartenständer |
| beschriftete Kärtchen zum Thema „Freizeitverhalten Jugendlicher" | ♦ | ♦ | Pinnwand oder Magnettafel |
| Trailer (Filmvorschau) zu „Der Vorleser" | ♦ | ♦ | Tafelanschrieb |
| digitale Folie, bei der sich Schritt für Schritt neue Schlagworte einblenden | ♦ | ♦ | Overheadprojektor |

Tipp

Einsatz von Technik muss **Mittel zum Zweck** sein.
Du solltest dich nicht „hinter der Technik verstecken". Du selbst musst der Mittelpunkt des Vortrages bleiben!

Regel

### Vor- und Nachteile gängiger Präsentationsmedien

| | Vorteile | Nachteile |
|---|---|---|
| **Wandtafel/ Magnettafel** | - einfache Handhabung<br>- meist verfügbar<br>- farbige Darstellung möglich | - Anschreiben braucht Zeit<br>- Gefahr, den Blickkontakt zu verlieren |
| **Tageslicht-projektor/ Overhead-projektor** | - Blickkontakt kann gehalten werden<br>- Bilder/Diagramme können auf Folien kopiert, und so einfach vorgestellt werden | - Nebengeräusche<br>- Gefahr, zu viele Folien zu verwenden<br>- ökologisch bedenklich (Folien, Folienschreiber) |
| **Computer-präsentation/ Whiteboard** | vielfältige Animationsmöglichkeiten: Farbe, Überblendungen, Sound, Video | - Vorbereitungszeit größer<br>- Gefahr technischer Versagen |

**3** Timo möchte sein „Faktor-4-Schaubild" zeigen (vgl. Seite 71) und überlegt sich dazu verschiedene Möglichkeiten. Nenne zu jeder Präsentationsmöglichkeit Vorteile, Nachteile, und/oder eventuelle Schwierigkeiten.

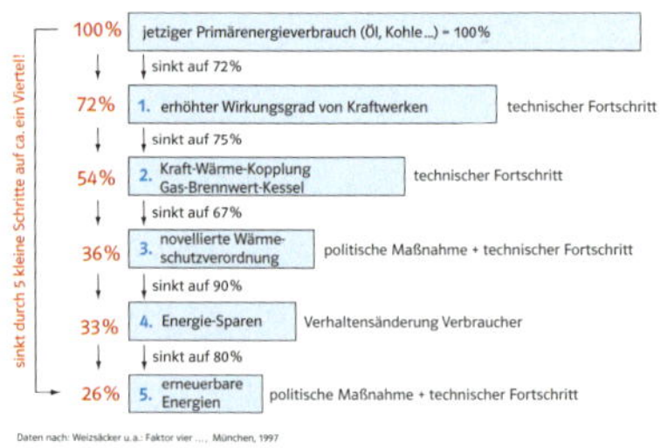


a) Er zeichnet die Grafik während des Vortrags an die Tafel oder auf ein Flipchart.

______________________________

b) Er hat die Grafik auf eine Folie gezeichnet (oder mit dem Computer erstellt) und legt diese (anfangs noch teilweise abgedeckt) auf den Overheadprojektor.

______________________________

c) Er lässt die Computer-Grafik, die er zuhause einmal farbig ausgedruckt hat, durchreichen.

______________________________

d) Er nutzt Computer und Beamer.

______________________________

e) Welche Möglichkeit würdest du wählen? Ich würde ______________________________

______________________________

______________________________

# 6.3 Medieninhalte richtig präsentieren

**Regel**

**Ablauf der Präsentation einzelner Medien**

Wenn du Medien richtig einsetzen willst musst du dir Gedanken über den Ablauf machen. In der Regel geht man so vor:

**1. Ankündigen:** Bereite die Zuschauer auf das vor, was du zeigen wirst.

**2. Zeigen:** Lass den Zuschauern Zeit, das Präsentierte zu erfassen.

**3. Erklären, verdeutlichen, interpretieren:** (meist mehrere Teilschritte)
Erkläre deutlich, was du erreichen willst: Worauf sollen die Zuschauer achten?

**4. Zusammenfassen:** Wiederhole deine Intentionen.

**5. Überleiten:** Leite deutlich zum nächsten Punkt deines Referates über.

**Beispiel 1:** Leonie hat in Ihrem Referat über Jugendgewalt die Grafik von Seite 46 erstellt und präsentiert diese über einen Overheadprojektor:

| 1. Ankündigen: „Anhand einer Grafik möchte ich euch zeigen, wie ..." | 2. Zeigen: „Seht euch mal diese Grafik an." | 3.1 Erklären: „Ihr seht hier, wie sich ... Dieser Balken z. B. zeigt ..." |
|---|---|---|

| 3.2 Verdeutlichen: „Wie man deutlich sieht, ist der Balken bei ..." | 4. Zusammenfassen: „Man sieht also recht gut, dass ..." | 5. Überleiten: „Was können wir nun daraus ableiten?" |
|---|---|---|

## 6.4 Folien erstellen

Egal, ob du Folien für den Tageslichtprojektor oder „digitale Folien" für eine Computerpräsentation erstellst: Einige Grundlagen sind für beide Formen zu beachten.

Regel

**Gestaltungsregeln für Folien**

- Große, gut lesbare Schrift, großer Zeilenabstand, nicht zu viel Text.
- Bei Grafiken/Übersichten: nicht zu viele Details.
- Mehrere Folien sind durchnummeriert.
- Komplexe Folien mit viel Inhalt werden zum Teil abgedeckt bzw. erst nacheinander gezeigt.
- Bei „digitalen Folien" (Computerpräsentationen): Effekte reduzieren! Dauernde Überblendungen oder Sounds, grelle Farben und zu viele Bildchen ermüden und langweilen auf Dauer.

**Beim Vortragen achten auf:**

- Die Technik muss bereitstehen (kein langes Einschalten oder Suchen nach der richtigen Folie) und funktionieren (scharf eingestellt, richtige Lichtverhältnisse im Raum).
- Folien nicht verdecken.
- Folien lange genug liegen lassen, dem Publikum Zeit geben, die Inhalte zu erfassen.
- Dem Publikum nicht den Rücken zuwenden, Blickkontakt behalten.

4 Übe das Erstellen von Folien handschriftlich und/oder am Computer anhand von Beispielen aus diesem Buch oder für dein eigenes Referat. Trainiere den Umgang mit Bildschirmpräsentationsprogrammen noch bevor du eine Präsentation für dein Referat erstellst. Verwende die Lernprogramme der Software, die man meist unter „Hilfe" findet.

Info plus

**Macht PowerPoint blöd?** So laute die Überschrift zu einem Beitrag in www.heise.de/newsticker vom 14.12.2004 (aufgerufen: Mai 2009). Hintergrund der Meldung ist eine in den USA gestartete Kampagne, die sich gegen den inflationären Einsatz dieser (oder ähnlicher) Bildschirmpräsentations-Software wandte. So sinnvoll der Einsatz dieser Präsentationsart manchmal ist (oder scheint), es gibt also auch massive Kritik daran. Informiere dich im Internet. Oder halte ein Referat zu diesem Thema!

**5** Abgebildet sind zwei Folien mit gleichem Inhalt als Überblick zum Referatthema „Der neueste Forschungsbericht zur Jugendgewalt – eine Analyse". Kommentiere und beurteile die Wirkung.

## Jugendliche Opfer und Täter

### Die neun Thesen des Forschungsberichtes Nr. 107

1. Nur ein Viertel aller Jugendlichen sind betroffen.
2. Die Entwicklung ist seit 1998 positiv.
3. Die Prävention wirkt, die Lebensbedingungen verbessern sich.
4. Das Anzeigeverhalten hat sich geändert.
5. Warum ist die Gewalt bei Migrantenjugendlichen höher?
6. Delinquente Freunde als ursächlicher Faktor.
7. Höherer Bildung – weniger Gewalt!
8. Alkohol und illegalen Drogen als Risikofaktor.
9. Ausländerfeindlichkeit, Antisemitismus, Rechtsextremismus: nur für eine Minderheit zutreffend; teilweise aber alarmierend hoch.

## 6.5 Tafelbild, Flipchart, Kartencollage

Auch diese einfachen Präsentationstechniken sind wirkungsvoll und zielführend! Meist haben sie auch noch den Vorteil, dass die Vorbereitung relativ schnell geht, die Präsentationsmittel müssen nicht erst aufwendig beschafft und eingeschaltet werden. Sie wirken sehr „echt", sind ökologisch unbedenklich - und (außer dass die Kreide abbricht oder ein Stift nicht funktioniert) kann nicht viel passieren.

Regel

**Beschriften von Tafel oder Flipchart, Kartencollage**

- Übe das Schreiben auf Tafel und/oder Flipcharts.
- Die Raumaufteilung des fertigen Anschriebs muss man unbedingt vorher planen! Nichts ist schlimmer, als wenn der Platz auf einmal ausgeht ...
- Erst zeichnen/schreiben, dann zur Seite gehen und erklären (sonst redest du mit dem Rücken zu Publikum und verdeckst die Inhalte).
- Arbeite mit mehreren Farben, um inhaltliche Bezüge zu verdeutlichen
- Schreibe groß und deutlich.
- Anschriebe kann man vorher erstellen (und abdecken) oder während des Vortrags entstehen lassen. Überlege vorher gut, welche Vor- und Nachteile das jeweils hätte.
- Kontrolliere (in einer Generalprobe) die Wirkung deines Anschriebs von größerer Entfernung aus.

**Beispiel 2:** Maria hat für ihr „Buddenbrooks"-Referat beschriftete Kärtchen vorbereitet, auf denen die Namen der Hauptpersonen stehen. Diese heftet sie an eine Pinnwand, so kann sie die Beziehungen der Personen zueinander besser erklären.

**Beispiel 3:** Leonie möchte zu Beginn ihres Referates „Jugendgewalt" eine kurze Umfrage machen. Sie fragt in die Runde, wer innerhalb des letzten Jahres welche Arten von Gewalt selbst erfahren oder mitbekommen hat.
Die ihr zugerufenen Stichworte schreibt sie auf Flipchart, für erneute Meldungen macht sie Striche dahinter.
Sie möchte später die Umfrageergebnisse in der Klasse mit den „offiziellen" statistischen Angaben vergleichen.

**Beispiel 4:** Yannik hat ein Tafelbild vorbereitet.

**Tipp**

Es ist gar nicht einfach, mit Kreide auf Tafel zu schreiben, oder mit Filzstiften auf ein Flipchart: die Schrift wird oft zu klein und manchmal auch schlecht lesbar, die Kreide quietscht und bricht ab: Unbedingt vorher üben!

## 6.6 Filme und Musik wirksam einsetzen

**Regel**

- Plane die Zeit ein, die du für Vorbereitung der Medien und die Vorführung an sich brauchst.
- Mache dich mit der Technik vertraut. Keinesfalls darfst du unsicher erscheinen, wenn es um die Bedienung der nötigen Geräte geht.
- Übe das Einbinden der Vorführung in deinen Vortrag, es darf zu keinen längeren Pausen und Unterbrechungen kommen.
- Hände weg von illegalen Film- und Musikdownloads!

## Checkliste 6: Medieneinsatz

Hinweise zur Arbeit mit der Checkliste findest du auf Seite 18.

| | | |
|---|---|---|
| 1 | Ich weiß, welche Präsentationsmittel mir in der Schule zur Verfügung stehen und (wenn ich sie einsetzen möchte) wie ich die Technik bediene. | 1 2 3 4 5 |
| 2 | Ich habe im Vorfeld alles geklärt, um meine Präsentation technisch realisieren zu können. | 1 2 3 4 5 |
| 3 | Ich habe sorgfältig überlegt, welche Teile meines Referates wirklich mithilfe von Technik präsentiert werden sollten. | 1 2 3 4 5 |
| 4 | Ich bin mir sicher, dass der von mir gewählte Einsatz von Präsentationstechnik wirklich sinnvoll ist: Ich kann so mehr Verständnis beim Publikum erzielen. | 1 2 3 4 5 |
| 5 | Ich übertreibe beim Technik-Einsatz nicht: Ich habe immer das „einfachste" Medium gewählt. | 1 2 3 4 5 |
| 6 | Meine Medien sind nach präsentationswirksamen Gestaltungskriterien erstellt. | 1 2 3 4 5 |
| 7 | Ich habe mir genau überlegt, wie die Präsentation der Medien abläuft: Wann ich was zeige, was ich dazu sage usw. | 1 2 3 4 5 |
| 8 | Ich habe die Zeit, die ich für die Präsentation der Medien benötige, ungefähr abgeschätzt: Ich bin im Rahmen der Zeitvorgaben für das Referat. | 1 2 3 4 5 |
| 9 | Ich bin mir sicher, dass ich nicht etwas Anderes, Wichtiges weggelassen habe, um Zeit für den Medieneinsatz zu gewinnen. | 1 2 3 4 5 |
| 10 | Ich habe mich an den zuvor festgelegten Ablauf meines Referates gehalten. | 1 2 3 4 5 |

1 Yasemin hat ihr Referat so angelegt, dass sie im Hauptteil zwei Statistiken auf Folien vorstellen möchte.
Was muss sie im Rahmen der Vorbereitung überlegen/beachten?

2 Angelo hat für ein Referat im Fach Musik mehrere Hörbeispiele im MP3-Format zusammengestellt und möchte sie an verschiedenen Stellen seines Vortrags einsetzen. Welche Geräte braucht er auf jeden Fall? Welche Planungen sind im Detail notwendig?

3 Worauf muss Angelina achten, wenn sie beschließt, ihr komplettes Referat mithilfe einer Bildschirmpräsentation aufzubauen?

# 7 Letzte Vorbereitungsphase und Durchführung des Vortrags

**Auch wenn dein Referat „an sich" schon fertig ist – bis zum endgültigen Vortrag vor der Klasse gibt es noch einiges zu bedenken: Was brauchst du noch während der Präsentation? Musst du ein Handout mit abliefern? Und vor allem: Wie solltest du dich während der Präsentation verhalten? Wie gehst du mit Lampenfieber und eventuellen Pannen um? Darum geht es in diesem letzten Kapitel.**

## 7.1 Das ausformulierte Manuskript

Für schriftliche Referate, Hausarbeiten, oder später, bei der Facharbeit ist es nötig, ein komplettes, ausformuliertes und entsprechend gestaltetes Werk schriftlich abzugeben. Aber auch bei manchen umfangreichen und komplizierten Referatthemen bietet es sich an, eine vollständige schriftliche Fassung zu erstellen: Vor allem wenn man sich bei der Präsentation unsicher ist, gibt ein ausformuliertes Manuskript Sicherheit.

Regel

**Schriftliches Referat**

- Orientiere an der **Reihenfolge** der vorher erarbeiteten Gliederung.
- Gestalte **übersichtlich**: Inhaltsverzeichnis; Kapitelüberschriften, Unterüberschriften.
- **Formuliere** sauber: In einer schriftlichen Fassung sind die Sätze meist länger und komplexer als beim mündlichen Vortrag.
- Orientiere dich an **Vorgaben**: Meist gibt es diese zu Seitenumfang, Schriftgröße, Seitenrändern ...

Tipp

**Soll ich mein Referat vorlesen?**

Nein. Nur wenn du beim Vortragen *sehr* unsicher und extrem aufgeregt bist, solltest du dein ganzes Referat ablesen, sprich das aber vorher mit deiner Lehrerin/deinem Lehrer ab. Achte dann darauf, dass schriftlich formulierte Sätze meist schwerer zu verstehen sind, und bemühe dich um gute Rhetorik.
Schau auch wenigstens ab und zu mal ins Publikum. Arbeite darauf hin, dass du immer weniger ablesen und immer mehr frei vortragen kannst.

## 7.2 Das Redemanuskript

Ein Referat/eine Präsentation wird frei vorgetragen! Du darfst aber trotzdem schriftlich fixierte Gedächtnisstützen verwenden: dein Redemanuskript. Bei kürzeren Vorträgen oder einfachen Themen genügt meist ein einzelner Stichwortzettel oder auch eine Übersichts-Mindmap. Bei umfangreicheren Referaten bieten sich Stichwortkarten (meist Karteikarten im DIN-A5-Format) an. Das Redemanuskript hilft, während des Vortrags den roten Faden nicht zu verlieren. Es unterstützt den Redner inhaltlich, gibt ihm aber auch die nötige Freiheit und Beweglichkeit im buchstäblichen Sinne.

Regel

**Redemanuskript: Stichwortkarte**

- Orientiere an der **Reihenfolge** der vorher erarbeiteten Gliederung.
- Gestalte die Notizen **übersichtlich**: großer Zeilenabstand; kurze Sätze oder nur Leitbegriffe (Stichworte); eine Karte pro Hauptpunkt; verschiedene Farben, Unterstreichungen ...
- Notiere, wo du welche **Medien einsetzen** möchtest.
- Notiere die geplanten **Zeitvorgaben**.
- Bei mehreren Zetteln/Karteikarten solltest du sie **durchnummerieren**.

**Beispiel 1:** Timo hat sich für den Unterpunkt 4 seines Vortrags zum Text von „Faktor 4" (Seite 64, 71) diese Karte vorbereitet:

| | |
|---|---|
| Faktor 4 | 4 |
| 4. Schritt: Verbraucher | |
| kurz wiederholen: welche Einsparung bisher? | Folie: Punkt 1-3 |
| a) Verminderung Vergeudung 7% | nochmal zeigen |
| b) Komfortverzicht 3% | |
| z.B.: Heizung, Licht, Warmwasser, Dampfdruck- | Folie aufdecken |
| topf | bis unter 4 |
| c) PE sinkt um 90%, es sind jetzt 33% erreicht | |
| wenn Zeit: evtl. Fragen zulassen | Zeitkontrolle: |
| | 8 min seit Anfang! |

**1** Wie würde Timos nächste Karte wahrscheinlich aussehen?
(Vergleiche dazu Beispiel 1 auf Seite 87 und die Seiten 64 und 71.)

Tipp

### Digitale Präsentation

Wenn dein gesamtes Referat digital präsentiert wird (z.B. mit PowerPoint), brauchst du natürlich keine Stichwortkarten; diese Informationen sind ja dann alle in deiner Digitalpräsentation erhalten.

+ Achte darauf, dass du die Folien **nicht vorliest**.
+ Achte vor allem auf **Übersichtlichkeit** der Folien (Seite 80/81)
+ Die Präsentation darf **nicht mit Effekten überladen** sein: wenige Stichworte, kurze, gut lesbare Sätze, die inhaltlich im Vortrag erläutert und ausgebaut werden.
+ Bilder, Tabellen usw., die den Inhalt zusätzlich visualisieren sollen, müssen natürlich **genau an der passenden Stelle** erscheinen und auf das Wesentliche beschränkt sein.

Es könnte hilfreich sein, dass du dir die Folien vor dem Vortrag ausdruckst! Rechne immer mit Computerproblemen (Abstürzen, Datenverlust, Probleme während des Vortrags!).

## 7.3 Das Handout

Das Handout (Thesenblatt) ist eine (oft freiwillige) Zusammenfassung der wesentlichen Punkte eines Referates, die den Zuhörerinnen und Zuhörern (meist am Ende des Vortrags) ausgehändigt wird.

Wichtig bei der Gestaltung ist der Aspekt der Nachhaltigkeit, also:
Was „bleibt hängen", welches Wissen soll bei den Zuhörerinnen und Zuhörern nach dem Referat für die nächste Zeit verfügbar sein?

Ein Handout kann auch während des Vortrags entstehen, beispielsweise durch Tafelbilder (vgl. Seite 83), es wird dann von den Zuhörerinnen und Zuhörern abgeschrieben (Zeitbedarf bedenken!).

Bei schwierigen, komplexen Themen kann das Handout auch vor dem Vortrag ausgeteilt werden.

Regel

**Kennzeichen eines guten Handouts**

- Es ist eine, maximal zwei Seiten lang.
- In einer **Kopfzeile** erscheint der Name des Referenten, evtl. die Schule, die Jahrgangsstufe, das Fach, das Datum und das Thema des Referates.
- Es ist übersichtlich gestaltet und bietet Platz für Notizen.
- In der Regel werden die Quellen (Materialien) angegeben.

Je nach Inhalt oder Absicht des Referates kann es inhaltlich unterschiedlich aufgebaut sein:

- Ein Handout fasst die wichtigsten **Ergebnisse** eines Vortrags zusammen, es kann Definitionen und Fachbegriffe enthalten, eventuell auch wichtige Abbildungen oder Strukturskizzen.
  In diesem Fall wird es eher nach dem Vortrag verteilt.
- Enthält das Handout die **Gliederung** und Arbeitsmittel (Quellen), kann es auch schon vor dem Vortrag ausgeteilt (an die Tafel geschrieben) werden.

Tipp

Bei umfangreichen oder wichtigen Vorträgen kannst du dein Handout eventuell vorher deiner Lehrkraft zeigen. Du bekommst eventuell dann noch wertvolle Tipps?

**Beispiel 1:** Timo hat folgendes Handout für sein Referat „Faktor 4" vorbereitet und kopieren lassen, das er nach seinem Vortrag austeilt.

Timo Reiserer, Klasse 9 b
Albert-Schweizer-Schule

# Referat über „Faktor 4"

Effizienzkette: Wie lässt sich der Primärenergiebedarf (PE) senken?
1. Technischer Fortschritt: erhöhter Wirkungsgrad von Kraftwerken von 34 – 40 % auf 50 – 55 %. ⇒ PE sinkt auf 72 %.
2. Technischer Fortschritt: Kraft-Wärme-Kopplung + Gas-Brennwert-Kessel ⇒ PE sinkt auf 75 %
3. Politische Maßnahme + Technischer Fortschritt: novellierte Wärmeschutzverordnung: Raumwärmebedarf und Strombedarf der Haushaltsgeräte sinkt um je ein 1/3 ⇒ PE sinkt auf 67 %
4. Verhaltensänderung Verbraucher: weniger Vergeudung um 7 %; 3 % weniger Energiekomfort wird akzeptiert (= 10 % weniger) ⇒ PE sinkt auf 90 %
5. Politische Maßnahme + Technischer Fortschritt: erneuerbare Energien zu 20 % ⇒ PE sinkt auf 80 % .
Die fünf Schritte ergeben zusammen eine Reduktion von
72 % · 75 % · 67 % · 90 % · 80 % = 26 %
Das entspricht ziemlich genau einem Faktor 4.

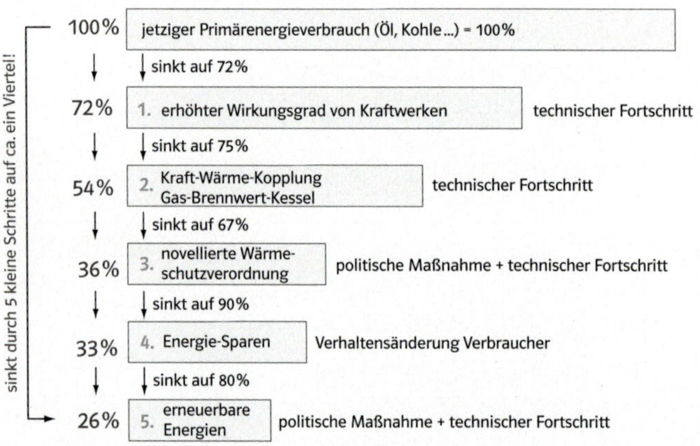


**2** Was hätte Timo besser machen können? Hat er etwas vergessen?

___

___

## 7.4 Das Memorieren: Freier Vortrag

Ein paar Tage vor dem Referat sollte man mit dem Inhalt des Vortrags und mit allen Sachinformationen, die man vorstellen möchte, wirklich gut vertraut sein. Nur so bleibt noch genügend Zeit, um die letzten wesentlichen Faktoren, die für ein wirklich gutes Referat nötig sind, noch zu bewältigen, zum Beispiel, den „freien Vortrag" zu üben:

Regel

**Der freie Vortrag: Das Referat „auswendig lernen"**

Deine Zuhörer müssen immer das Gefühl haben, dass du selbst die Inhalte vollkommen verstanden hast; du bist der „Spezialist" für dieses Thema! Je freier du deinen Vortrag hältst, umso glaubwürdiger erscheinst du.

- Ein vollständig **ausformuliertes Manuskript** hilft bei der Vorbereitung: Hier kannst du alles nochmal genau nachlesen.
- Deine **Stichwortkarten** führen dich inhaltlich durch das gesamte Referat; prüfe sie also nochmal auf **Vollständigkeit**.
- Präge dir nicht ganze Textabschnitte ein, sondern lediglich die thematischen **Stichpunkte**.
- Übe das freie Sprechen bei den Einzelpunkten: Es darf immer wieder anders formuliert werden; die Kernaussagen müssen aber immer enthalten sein.
- Verwende relativ viel Zeit darauf, dir die **Gliederung** (die Überschriften der Unterpunkte) gut einzuprägen, eventuell sogar auswendig zu lernen. Diese Titel sind das „Geländer", mit dessen Hilfe du die Zuhörerinnen und Zuhörer durch den Vortrag führen wirst.

Info plus

Einer der berühmtesten und erfolgreichsten Redner im alten Griechenland, **Demosthenes** (384 - 322 v. Chr.), prägte sich den Inhalt seiner Reden vor jedem öffentlichen Auftritt genau ein. Er hatte sich dafür eine gedankliche Stütze entwickelt: Beim Memorieren der Rede stellte er sich den Grundriss eines Hauses vor. Über einen Korridor (im übertragenen Sinn der Leitfaden der Rede) erreichte man jeden Raum. Jedes Zimmer des Hauses reservierte er für einen thematischen Abschnitt seiner Rede. So konnte er sich - bildhaft - über den Korridor von einem Raum in den anderen, das heißt von einem Unterpunkt zum nächsten bewegen, ohne den Faden zu verlieren. Der Plan des Gebäudes half ihm dabei, die Struktur der Rede mit einem aus dem Alltag vertrauten System zu verbinden.

## 7.5 Die Vortragsweise

Der Erfolg eines Vortrags hängt (neben dem Inhalt) maßgeblich auch von der **Wirkung des Referenten** ab!

Regel

**Rhetorik: Die Redekunst**

- **Sprechtempo:** Es darf nicht zu schnell, aber auch nicht zu langsam sein.
- **Betonung/Modulation:** Allein durch die Betonung kann ein Vortrag spannend und interessant oder langweilig und einschläfernd wirken.
- **Wortwahl:** Nicht zu kompliziert oder gar gestelzt; aber auch Slang und Umgangssprache sind zu vermeiden.
- **Satzbau:** Komplizierte Schachtelsätze haben in einem Vortrag nichts verloren. Bleibe kurz, knapp und verständlich.

**3** Lies den folgenden Text laut und variiere dabei Betonung, Lautstärke und Sprechtempo. Versuche den Text so zu sprechen, dass er von einem Politiker, einem Talkshow-Meister, einem Schauspieler ... stammen könnte. Lass dich von anderen dabei beurteilen.

Kümmere Dich nicht darum ob die Wellen, die von Dir ins Publikum laufen, auch zurückkommen - das sind Kinkerlitzchen. Sprich unbekümmert um die Wirkung, um die Leute, um die Luft im Saale; immer sprich, mein Guter. Gott wird es Dir lohnen.

(Tucholsky, Kurt: Gesammelte Werke Bd. III, Reinbek bei Hamburg (Rowohlt) 1960, S. 600)

**4** Übe das freie Sprechen. Nimm dir einen Teil deines heutigen Schulstoffes, den du inhaltlich gut verstehst, vor, schreibe dir ein paar wenige Stichpunkte dazu auf (Redemanuskript!) und sprich dann frei, mindestens drei Minuten lang (Stoppuhr!) über das Thema.

**5** Suche dir einen Zuhörer (Bekannte, Freunde, Eltern, Geschwister …). Erkläre ihnen in freier Rede etwas aus deinem Lieblingsfach.

**6** Höre dir Reden an, z. B. Bundestagsdebatten, Talkshows, Wahlkampfveranstaltungen, Referate von Mitschülerinnen und Mitschülern und bewerte bewusst Sprachtempo, Betonung, Wortwahl und Satzbau.

Regel

**Körpersprache und Emotionen**

- **Stell dich gerade und aufrecht hin.** So vermittelst du Selbstvertrauen, Selbstbewusstsein und Kompetenz und vermeidest unverständliches „Vor-sich-hin-Reden".
- Halte **Blickkontakt** zum Publikum, lass deinen Blick „schweifen" und schau immer wieder mal verschiedene Personen (auch die Lehrkraft!) direkt an. Bleibe aber nicht zu lange an einer Person „kleben".
- Passe deine **Mimik** den Inhalten an; lächle ab und zu (wenn du motivierst oder etwas Lustiges erzählst).
- Wohin mit den **Händen**? Nicht in die Hosentaschen oder hinter den Rücken! Halte z.B. in einer Hand deine Karteikarten; unterstreiche Aussagen durch Gesten.
- **Begeisterung** begeistert! Wenn deine Zuhörer/innen merken (fühlen), dass dich das Thema interessiert, werden sie viel konzentrierter zuhören, sich viel mehr merken - und das Gefühl haben, einen guten Vortrag gehört zu haben!

**7** Welche Eigenschaften passen zu welchem Redner?

Bild 1

Bild 2

| | | |
|---|---|---|
| souverän ______ | selbstbewusst ______ | unsicher ______ |
| unfreundlich ______ | lustlos ______ | kompetent ______ |
| verkrampft ______ | nervös ______ | linkisch ______ |

**8** Beobachte die Mimik von Nachrichtensprechern, wenn Sie lustige, angenehme oder tragische Ereignisse vortragen.

**9** Beobachte die Körpersprache von Politikern bei Bundestagsdebatten oder Wahlkampfreden. Achte bewusst auf Mimik und Gestik.

**10** Lies den folgenden Text laut und versuche, die folgenden Emotionen durch Körperhaltung und Sprachmodulation auszudrücken:
ärgerlich • verängstigt • wütend • glücklich • überrascht

Kümmere Dich nicht darum ob die Wellen, die von Dir ins Publikum laufen, auch zurückkommen – das sind Kinkerlitzchen. Sprich unbekümmert um die Wirkung, um die Leute, um die Luft im Saale; immer sprich, mein Guter. Gott wird es Dir lohnen.

(Tucholsky, Kurt: Gesammelte Werke Bd. III, Reinbek bei Hamburg (Rowohlt) 1960, S. 600

**11** Halte einen kurzen freien Vortrag vor einem Spiegel oder (noch besser), lass dich während einer Generalprobe (vgl. Seite 96) fotografieren oder filmen. Lass dich von einer vertrauenswürdigen Person kritisieren.

**12** Sieh dir an, wie Kevin seine Powerpoint-Präsentation zum Thema „Der neueste Forschungsbericht zur Jugendgewalt – eine Analyse" präsentiert. Welche Fehler sind auf dem Bild erkennbar?

## 7.6 Die Situation der Zuhörerinnen und Zuhörer

Die (physische und psychische) Verfassung des Publikums trägt wesentlich mit dazu bei, wie dein Vortrag aufgenommen wird. Mache dir also als Referentin oder als Referent darüber Gedanken, in welcher Situation du mit deiner Präsentation die Zuhörerinnen und Zuhörer antriffst.

**Regel**

- Wann findet das Referat statt? Am Montag in der ersten oder am Freitag in der letzten Stunde wird die Konzentrationsfähigkeit gesunken sein.
- Welche (schulischen) Ereignisse gehen dem Vortrag voraus, was folgt?
- Wie sind die äußeren Bedingungen, etwa die Sitzordnung? Wird es sehr heiß oder eher kühl im Raum sein? Je nach eingesetzter Technik spielen mitunter auch die Lichtverhältnisse eine Rolle. Lässt sich die Beleuchtung regulieren?

In der Praxis wird es sicher nicht möglich sein, ein Referat nur dann zu halten, wenn alle oder sehr viele positive Einflussfaktoren hergestellt sind. Deshalb ist es wichtig zu überlegen, wie man mit erschwerenden Situationen umgeht.
In der Regel können folgende Überlegungen hilfreich sein:

- Wie kann man als Referent oder Referentin selbst für eine Verbesserung ungünstiger Faktoren sorgen?
- Wo und in welchem Maß kann man sich Unterstützung holen?
- Wie kann man trotz ungünstiger Voraussetzungen, die sich nicht ohne weiteres verändern lassen, die Aufmerksamkeit der Zuhörerinnen und Zuhörer gewinnen?

Wichtig ist immer, die Befindlichkeit des Publikums ernstzunehmen und in sinnvoller Weise darauf einzugehen.

**13** **Stelle eine Liste konkreter Einflüssen zusammen, die als positive Voraussetzungen für einen Vortrag gelten können.**

______________________________

______________________________

______________________________

______________________________

**14** **Versuche, für die hier formulierten Probleme Lösungsansätze zu finden, um die ungünstigen Bedingungen zu beseitigen oder wenigstens abzumildern.**

a) Die Klasse – und natürlich auch du selbst – kommt mehr oder weniger abgekämpft aus dem Sportunterricht und soll sich auf ein Referat einstellen.
b) Der Vortrag soll an einem Montag in der ersten Stunde stattfinden. Aus Erfahrung weißt du, dass deine Mitschülerinnen und Mitschüler montags nicht besonders konzentriert sind und dass mehrere Schüler wegen des Schulbusses regelmäßig erst mit einigen Minuten Verspätung zum Unterricht kommen.
c) In der Stunde vor dem Referat wird eine Klassenarbeit besprochen und herausgegeben, die besonders schlecht ausgefallen ist. Mindestens ein Drittel der Klasse ist frustriert und traurig, einige sind auch sehr wütend.

Tipp

Setze bei dem hier geforderten „Krisenmanagement" deine **Fähigkeiten** in besonderer Weise ein. Rufe dir in Erinnerung, was du besonders gut beherrschst. Greife auf dein kreatives musisches oder zeichnerisches Können zurück; vielleicht kannst du – wie ein Sänger oder Schauspieler – allein durch besondere Abwechslung der Lautstärke und durch die Art des Sprechens die Aufmerksamkeit der Zuhörer gewinnen.
Schaffe auf jeden Fall *vor* dem Vortrag eine Situation der Konzentration und Ruhe und beginne nicht mitten im „Chaos" mit dem inhaltlichen Teil.

## 7.6 Die Generalprobe

Du solltest dein Referat mindestens einmal probehalber vortragen, am besten zwei bis drei Tage bevor du es halten wirst. Nur dann kannst du noch auf eventuelle Mängel reagieren.

Regel

**Kontrollfunktion der Generalprobe**

- Sind die Inhalte klar? Kann ich über jeden Punkt frei sprechen?
- Habe ich den Ablauf auswendig gelernt?
- Sind die Stichpunktkarten vollständig, übersichtlich und deutlich genug?
- Komme ich mit dem geplanten Zeitrahmen aus?
- Funktioniert das Zusammenspiel mit eventueller Technik? (Overheadfolie auflegen, Lichter ausschalten, Beamer aufbauen...)

## 7.7 „Lampenfieber“

Es ist völlig normal, wenn du vor einem Vortrag ein wenig aufgeregt und nervös bist, vor allem, wenn du das Reden vor Publikum nicht gewöhnt bist. Lampenfieber gehört dazu.

**Aller Anfang ist schwer:** Das Schwierigste am Vortrag ist die erste Minute. Wenn du erst mal „drin" bist, geht meist (bei guter Vorbereitung) alles wie von selbst. Versuche also einen Einstieg ins Thema zu finden, der dir selbst sehr gut gefällt und auf den du dich freuen kannst (vgl. Seite 55-57). Ängste können durch einen guten Einstieg abgebaut werden. Wenn dir bei der Generalprobe der Einstieg ins Referat schwerfällt solltest du dir überlegen, ob du nicht eine geeignetere Einleitung findest.

Regel

**Ängste und was man dagegen tun kann**

- **Die Angst, etwas Wichtiges zu vergessen**: Bereite dein Referat ohne Zeitdruck vor, denke nach und schreibe saubere Stichwortkarten.
- **Die Angst davor, ausgelacht zu werden:** Du bist nicht der/die einzige Referent! Auch deine Mitschülerinnen und Mitschüler stecken früher oder später in deiner Situation. Verhalte dich aber auch ihnen gegenüber fair!
- **Die Angst, nicht perfekt zu sein oder etwas falsch zu machen:** Nobody is perfekt! Gerade dein erstes Referat wird wahrscheinlich *nicht* perfekt sein - aber das wird auch keiner von dir erwarten. Eine intensive Vorbereitung wird dich sicherer machen und Training hilft auch viel.
- **Die Angst, einen Blackout zu haben:** Verlass dich auf deine Vorbereitung und deine Stichwortkarten. Hier steht alles Wesentliche. Du *bist* gut vorbereitet und kurzzeitige Gedächtnis-Lücken werden von selbst wieder verschwinden.
- Wenn du sehr unsicher bist (aber nur dann!), solltest du von einem ausformulierten Manuskript ablesen.

Info plus

Ein angespannter Zustand von fördert - wenn er ein erträgliches Maß nicht übersteigt - die Konzentration. Der Körper reagiert bei Nervosität und Aufregung aus Anlass eines öffentlichen Auftritts genau wie bei einer real existierenden oder befürchteten (körperlichen) Bedrohung: Die körperlichen Aktivitäten werden gesteigert (vom Blutdruck bis zum Transport von Hormonen - dem Stresshormon **Adrenalin**), sodass man entweder kampf- oder fluchtbereit wird. **Lampenfieber kann also deine Leistungsfähigkeit sogar steigern**: du bist hellwach und konzentriert!

Regel

**Stressbewältigung**

- **Bewegung hilft!** Wenn man sich bei allzu großer Anspannung zur Ruhe zwingt, werden die Symptome (Zittern, Schwitzen o. ä.) eher noch stärker. Versuche also, dich zu bewegen, z. B. Muskulatur an- und entspannen.
- **Atemübungen:** Ein paarmal tief durchatmen reguliert den Blutdruck.
- **Entspannungsübungen:** kurze Meditation, autogenes Training
- Ganz wichtig: **Positiv denken!**
- **Positive Rückmeldung holen**: Vielleicht sitzt unter deinen Zuhörern eine gute Freundin oder ein Freund, der interessiert zuhört? Schau sie oder ihn ab und zu an: Ein „Kopfnicker" und aufmerksamer Zuhörer beruhigt ungemein.

**15** Setze dich auf einen Stuhl, greife mit den Händen unter die Sitzfläche und versuche dich mit zunehmender Kraft gleichsam selbst samt Stuhl hochzuheben. Halte die maximale Spannung für etwa sechs Sekunden, lass dann langsam locker und schüttle die Arme aus.

**16** Balle die Hände zu einer Faust und spanne, ausgehend von den Händen, die Muskulatur deiner Unter- und Oberarme allmählich bis zur maximalen Kraft an. Halte diese Spannung einige Sekunden und lass danach langsam los. (Eine ähnliche Übung kann man übrigens mit der Beinmuskulatur durchführen.)

Tipp

Sollte man sich wegen eines schwerwiegenden (familiären oder schulischen) Ereignisses oder einer körperlichen Beeinträchtigung (beginnende Grippe, Kopfschmerzen) nur sehr schwer konzentrieren können, kann es durchaus sinnvoll sein, die Lehrerin oder den Lehrer zu bitten, möglichst einen neuen Termin für das Referat festzulegen.

## 7.9 Umgang mit Pannen und Fehlern

Regel

**Typische Pannen – und was man dagegen tun kann**

- **Eine Kleinigkeit zuhause vergessen:** Man muss in einem solchen Fall flexibel reagieren. Hat man etwa das Handout vergessen, kann man es nachreichen, ein einfaches Diagramm auch schnell an die Tafel zeichnen ...
- **Etwas Wesentliches zuhause vergessen:** Fehlt dagegen eine wichtige Komponente des Referats, muss man entscheiden, ob man den Vortrag dennoch – leicht reduziert – halten kann oder ob man die Lehrkraft (früh genug!) bitten muss, kurzfristig das Referat zu verschieben.
- **Die Technik versagt oder ist nicht vorhanden:** Auch das kann, wenn man sich nicht anders zu helfen weiß oder die Technik wesentlicher Bestandteil der Präsentation ist, ein Grund für ein Verschieben des Referates sein.
- **Blackout:** Gib das offen zu: „Entschuldigung, aber jetzt habe ich den Faden verloren." Sammle dich, sieh in deinen Unterlagen nach (im Idealfall hast du ein ausführliches Manuskript dabei). Bleib ruhig, vertrau auf deine gute Vorbereitung.

**17** Claudia stellt in der Stunde vor dem Referat fest, dass sie die sorgfältig ausgearbeitete Gliederung ihres Vortrags, die sie zu Beginn des Vortrags austeilen wollte, zuhause vergessen hat.
Was hältst du von den möglichen Verhaltensweisen?

a) Claudia bittet die betreffende Lehrkraft, das Referat auf die nächstmögliche Stunde zu verschieben.

______________________________

b) Sie hält ihr Referat ganz normal, weist zum Schluss darauf hin, dass die Gliederung nachgereicht wird.

______________________________

c) Sie hält das Referat und versucht, auf die einzelnen Unterpunkte besonders hinzuweisen und die „Untertitel" zu diktieren.

______________________________

d) Claudia bittet um eine kleine zeitliche Verlängerung („Zugabe") und diktiert die wichtigsten Themen/Untertitel.

______________________________

**18** Tobias wollte für sein Musik-Referat eine Bach-Fuge per DVD vorspielen, der DVD-Spieler, der sonst immer im Musiksaal steht, ist aber ausgerechnet am Tag seines Referates verschwunden.
Welche von Tobias' Reaktionen ist sinnvoll?

a) Er macht sich auf die Suche nach dem DVD-Spieler.

b) Er verzichtet auf den Einsatz komplett.

c) Er entschuldigt sich und spielt die wesentlichen Takte kurz auf dem Klavier an; „Wenigstens hat das keiner weggetragen", sagt er dazu.

d) Er bespricht sich kurz mit dem Lehrer und begründet, warum er ohne den Einsatz des DVD-Spielers sein Referat nicht halten kann und bittet, es zu verschieben.

**Tipp**

Versuche, bei Pannen innerlich ein bisschen über dich selbst zu lachen. Und bring dein Publikum eventuell auch zum Lachen?
Sogar Heinz Erhardt hatte einmal während seiner Show einen klassischen „Blackout" – und das vor mehreren Tausenden von Zuschauern auf der Berliner Waldbühne! Er stockte kurz, bückte sich, hob etwas Imaginäres vom Boden auf und sagte: „Ich hatte den roten Faden verloren." – Um dann lächelnd weiterzumachen. Das Publikum war begeistert!

**19** Paolo bekommt zehn Minuten vor seinem Referat so richtig Panik.
Er hat das Gefühl, sich an gar nichts mehr erinnern zu können, schwitzt, zittert und es ist ihm sogar richtig übel. Was könntest du ihm raten?

**20** **Ayse hat ihr gesamtes Referat als PowerPoint-Präsentation angelegt. Als sie fünf Minuten vor Referatbeginn den Computer einschalten und den Beamer anschließen will, merkt sie, dass der Computer sich nicht einschalten lässt und auch der Beamer dunkel ist.**
**Kommentiere ihre Reaktionen.**

a) Ayse behält die Nerven, prüft erst mal die Steckerverbindungen und schaut, ob überhaupt Strom da ist.

______________________________________________

b) Als sie bemerkt, dass es wohl kein einfach zu lösendes Problem ist, versucht sie, einen Overheadprojektor zu besorgen, sie hat nämlich alle Folien kopiert und diese auch dabei.

______________________________________________

______________________________________________

c) Auch der Overheadprojektor ist nicht so schnell aufzufinden, jetzt muss sie entscheiden: Soll sie das Referat trotzdem halten (ihre Folien hat sie ja dabei) oder um Verschiebung bitten?

______________________________________________

______________________________________________

______________________________________________

**Info plus**

„Eine gute Rede hat einen guten Anfang und ein gutes Ende - und beide sollten möglichst dicht beieinander liegen." (Mark Twain)
„Beherrsche die Sache, dann folgen auch die Worte – rem tene, verba sequentur." (Cato der Ältere, 234–149 v. Chr.)

## Checkliste 7: Letzte Vorbereitungsphase und Durchführung des Vortrags

Hinweise zur Arbeit mit der Checkliste findest du auf Seite 18.

| Nr. | Aussage | Bewertung |
| --- | --- | --- |
| 1 | Ich habe ein sauberes, vollständiges übersichtliches Redemanuskript erstellt. | 1 2 3 4 5 |
| 2 | Mein Handout (falls gefordert) entspricht den formalen Vorgaben und gibt inhaltlich das Wesentliche meines Referates wieder. Alle Quellen sind angegeben. | 1 2 3 4 5 |
| 3 | Ich kann, mithilfe meines Redemanuskriptes, meinen Vortrag frei halten; den Ablauf kann ich auswendig, an Einzelheiten erinnert mich mein Manuskript. | 1 2 3 4 5 |
| 4 | Ich habe das freie Sprechen geübt und dabei auf Tempo, Betonung, Wortwahl und Satzbau geachtet. | 1 2 3 4 5 |
| 5 | Mir ist bewusst, worauf ich in Bezug auf meine Körperhaltung während der Präsentation achten muss. | 1 2 3 4 5 |
| 6 | Ich habe in einer Generalprobe die wichtigsten Dinge kontrolliert, vor allem auch den Zeitbedarf. | 1 2 3 4 5 |
| 7 | Ich bin ziemlich ruhig, wenn ich an das Referat denke, weil ich gut vorbereitet bin. | 1 2 3 4 5 |
| 8 | Ich habe mir überlegt, was alles schiefgehen könnte, und mir Strategien überlegt, wie ich mit solchen Situationen umgehen könnte. | 1 2 3 4 5 |

1 Wie unterscheidet sich ein schriftliches Referat von einem Redemanuskript?

2 Was gehört zu einem guten Handout?

3 Welche potenziellen Fehler lassen sich durch eine Generalprobe vermeiden?

4 Was tust du, wenn du eine Schulstunde bevor du dein Referat halten sollst feststellst, dass du etwas zuhause vergessen hast?

# Kapitel 1: Das Thema erfassen

## Aufgaben

Seite 6/7

1 bis 4 Die Aufgaben 1 bis 4 können nur individuell gelöst werden; „richtige" Antworten gibt es nicht. „Gute" Antworten sind umfangreich und originell.

5 ☒ Die gewaltsame Eroberung Südamerikas durch die Spanier
Alle anderen Themen sind möglich. Auch sie behandeln zwar teilweise nur Teilaspekte des gesamten Themenbereiches, können jedoch als passend gelten. Das angekreuzte Thema jedoch muss sich im Hauptteil mit geschichtlich/historischen Aspekten beschäftigen, was eindeutig nicht zur Intention der Themenstellung passt.

Seite 8

6 Beispielhafte Stichpunktsammlung zu Aggression/Gewalt:
- Ursachen von Aggression (evolutionsbiologisch, kulturell ...)
- Auswirkungen von Aggression (Familie, Schule, Gesellschaft, ...)
- Aggressionsauslöser (Gemütszustand, Erlebnisse, Frust, Ärger, Unsicherheit ...)
- Aggression in der Schule
- Gewalt gegen Kinder, bei Jugendlichen, bei Erwachsenen
- Gewalt in der Familie
- Gewaltverbrecher (Strafen; Todesstrafe in Amerika/China)
- Was kann man gegen aggressives Verhalten tun?
- Wie geht man mit gewaltbereiten/aggressiven Mitmenschen um?
- Wie ist die aktuelle Lage (in Deutschland) beim Thema Gewalt?
- ...

Seite 9

7 Gedanken und Ideen zum Thema Energiekrise
- hohe Preise für Benzin, Heizöl, Strom und Gas
- natürliche Ressourcen (Öl, Kohle) gehen zu Ende
- erneuerbare Energien (Sonne, Wind, Wasser)
- Atomkraft
- Welche Art von Energie nutzen wir (Kraftwerke, welche?)
- Wo wird Energie verbraucht (Industrie, Verkehr, privat)
- Was sind die Auswirkungen von Energiekrisen?
  (auf den Einzelnen, auf die Gemeinschaft, auf den Staat, auf die Industrie)
- Haben wir derzeit eine Energiekrise? Gab es vorher welche?

Energie sparen
- zuhause, im privaten Bereich; in der Schule
- Transport (Pkw, Bahn, Flugzeug; bei Reisen: Wahl des Verkehrsmittels)
  recherchieren: Welches Verkehrsmittel braucht wie viel Energie pro km/Person?
- in öffentlichen Gebäuden
- Industrie/Wirtschaft
- staatliche Vorgaben, Vorschriften, Anreize zum Energiesparen
- Ist Recycling auch Energiesparen?

8 mögliches Ergebnis:
- Eingabe des Stichworts "Escher" in Google®: Unter „Ergebnisse Bildersuche" finden sich mehrere Bilder, und der Hinweis, dass es sich um Bilder von M. C. Escher handelt.
- Bei einem Bild findet sich der Copyright-Hinweis „Used by permission. www.mcescher.com"; ein Klick auf diese Website (Englisch) ist bereits ein Volltreffer: Hier findet sich genügend Material (unter anderem freie downloadbare Puzzle und eine große Bildergalerie).
- Ebenfalls auf der ersten Seite in Google findet sich ein Link zu einem umfangreichen

Wikipedia-Eintrag (auf deutsch) sowie weitere Links (z.B. Penrose-Parkettierung) oder Literaturhinweise.

- Auch der Link zur Technischen Universität Freiberg, Fakultät Mathematik ist wertvoll: hier finden sich, nach mathematischen Gesichtspunkten geordnet, weitere Bilder; darunter die „unmögliche Treppe"; hier findet sich ein weiterer Link zu dessen „Erfinder" L. S. Penrose; ein Link der wieder zu neuen Informationen führt ...

9 mögliche Lösung: **Seite 10**

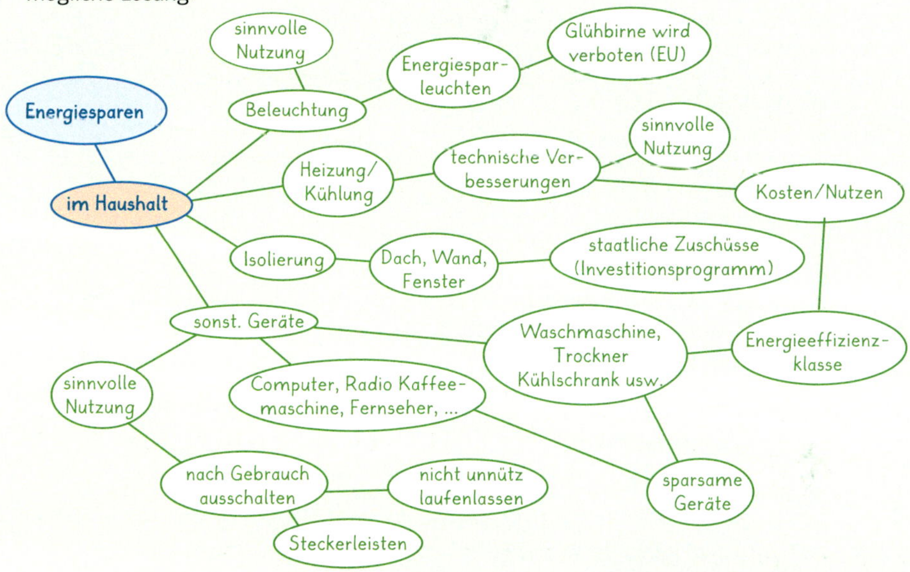


10 mögliche Stichpunkte (ungeordnet): Mobbing, Bedrohung, Beleidigung, Diskriminierung, Rempeleien, leichte und schwere Körperverletzung, Erpressung, Diebstahl, Raub, (Rechts-)Extremismus, Sachbeschädigung, Amoklauf ... **Seite 11**

11 z.B.: Fortbewegung im Alltag (Freizeit/Beruf, Nutzung von Verkehrsmitteln) **Seite 12**
Reisen/Urlaub (Ziele, Art des Verkehrsmittels)
Kaufverhalten (energiesparende Geräte)
Verhalten in der Schule/am Arbeitsplatz

12 **Seite 13**

**1. Verursacher**
Energieerzeuger
Verkehr
Haushalte
Industrie

**2. Folgen**
Funktion und Zustand der Ozonschicht
- Hautkrebsrisiko durch verstärkte UV-Strahlung

Globale Erderwärmung
- Abschmelzen des Polareises
- Überschwemmungen
- Lebensräume für Mensch und Tier werden bedroht
- Massenflucht aufgrund klimatischer Katastrophen, Flüchtlingsströme

langfristige Klimaveränderung
- ungewöhnlich heftige Stürme

Luftverschmutzung
- Zunahme von Atemwegserkrankungen

**3. Perspektiven/Hoffnungen**
verstärkte Nutzung nachwachsender Rohstoffe (erneuerbare Energien)
- Solarenergie, Photovoltaik
- Windenergie
- Wasserkraftwerke

technische Herausforderungen und neue umweltfreundliche Entwicklungen
- neue Haushaltsgeräte
- energiesparender Antrieb (Wasserstofffahrzeuge)

Technologievorsprung!

**Seite 14**

13 a) Sicher ein möglicher Schritt, obwohl es dafür vielleicht noch etwas zu früh ist.
b) Unter Umständen, wenn er einen aussagekräftigen Bereich wählt.
c) Das ist das **richtige** Vorgehen! Er muss sich einfach noch ein bisschen intensiver mit dem Thema beschäftigen.
c) Das sollte er nicht tun, er könnte höchstens vorab fragen, ob er mehr Zeit bekommt.
b) Unter Umständen, damit bekommt das Publikum einen breiten Überblick.
c) Schwierig, hier lässt er unter Umständen wichtige Aspekte des Themas weg.

**Seite 15**

14 a) kurze Übersicht über die wichtigsten handelnden Personen ☒ 2 3
(Das gehört zu jeder Buchbesprechung dazu.)
b) Hintergrundinformationen zum Zeitrahmen des Romans ☒ ☒ 3
(Je nach Vorgabe/Erwartungen der Lehrkraft – klären!)
c) Hintergrundinformationen über den Autor 1 2 ☒
(Vielleicht ganz kurz: Lebensdaten, Nationalität, Besonderheiten.)
d) Vergleich von aktuellem Kinofilm und Buch 1 2 ☒
(Nur wenn Zeit bleibt.)
e) Charakterbeschreibung der Hauptpersonen ☒ ☒ 3
(Je nach Vorgabe mehr oder weniger ausführlich.)
f) kurze Inhaltsangabe des gesamten Romans ☒ 2 3
(Natürlich! Das ist Kern einer Buchbesprechung.)
g) charakterlich/psychologische Entwicklung der Hauptpersonen ☒ ☒ 3
(Hängt oft eng mit dem Inhalt zusammen, je nach Werk wichtig.)
h) Vorlesen einiger markanter/typischer Passagen 1 ☒ 3
(Wäre schön – gibt dem Publikum ein „Gefühl" für das Buch.)
i) der Verkaufserfolg des Buches vor und nach der Verfilmung 1 2 ☒
(Interessanter Aspekt, aber nur, wenn noch Zeit bleibt.)
j) Informationen zu Regisseur/Darstellern des Kinofilms 1 2 ☒
(Sehr berühmte Darsteller machen evtl. neugierig auf den Film.)
k) sprachlich/stilistische Analyse ☒ ☒ 3
(Wird, zumindest im Fach Deutsch, oft erwartet – klären!)

**Seite 15**

16 Beispielhafte Lösung:

a) ☒ qualitativ – Ein so umfassendes Thema kann man nicht in der ganzen Breite behandeln. Ein Buch zum Thema, das quantitativ vorginge, hätte wohl mindestens 500 Seiten.

b) ☒ qualitativ – Auch wenn der Autor aufgrund der Verfilmung viele Interviews gegeben hat, sind sicher nicht alle im Rahmen einer Referatrecherche überhaupt zu finden und zweitens hat er sich sicherlich häufig wiederholt. So viel kann gar nicht dazu gesagt werden.

c) und d) sind nicht ganz eindeutig. Vermutlich wäre es für ein Referat praktikabel, zuerst einen Überblick zu bieten ☒ quantitativ und dann an wenigen Beispielen in die Tiefe zu gehen ☒ qualitativ .

**Seite 16**

16 z. B.: „Warum wir Energie sparen müssen, wie uns das gelingt und wie wir davon auf Dauer profitieren."

17 z. B.: „Wie jeder einzelne von uns zum Energiesparen beitragen kann"
„Wie wir in der Schule zum Energiesparen beitragen können"

**Seite 19**

## Abschlusstest

1 a) Schlecht: Sie muss sich schon vorher etwas Mühe geben.
b) Nicht gut: Damit macht sie deutlich, dass sie sich noch nicht richtig bemüht hat.
c) Gut: So beschäftigt sie sich mit dem Thema und erfährt unter Umständen Neues.

d) Nicht schlecht: Wichtig ist, dass sie sich mit dem Thema *beschäftigt*.
e) Nicht schlecht, wenn sie wirklich „dranbleibt" und nicht am nächsten Tag dieselben Schwierigkeiten wieder hat.
f) Sehr gut: Daraus entwickelt sich dann bestimmt etwas!

2 zum Beispiel:
a) „Gewalt und Aggression - Ursachen, Formen, Auswirkungen und Präventivmöglichkeiten" oder: „Gewalt und Aggression - Wie es dazu kommt, wohin es führt und wie man das vermeiden kann"
b) „Gewalt und Aggression in der Schule/bei Jugendlichen/in der Familie"; oder: „Woher kommt die Neigung zu aggressivem Verhalten - ein Ausflug in die Verhaltenslehre"; oder: „Die Entwicklung der Jugendgewalt in den letzten Jahren"

# Kapitel 2: Informationen beschaffen

## Aufgaben

1 a) Hermann, Judith: Sommerhaus, später. Erzählungen. Frankfurt a. M. (oder: Frankfurt/ Main) 2003 **Seite 21**
Was jetzt eigentlich noch fehlt, ist die Angabe der Seitenzahl, auf der in diesem Buch der Textausschnitt steht, der zitiert wird. So genau war unser Referent aber leider nicht.
b) Gaschke, Susanne: Die Welt liest. www.zeit.de/2007/30/01-Harry-Potter (18.5.2009)

2 Beispiellösung: http://www.lycos.com/; http://de.ask.com; http://www.entireweb.com **Seite 22**

3 Die Eigenheit des Internet, aktuell und schnell zu sein, führt dazu, dass hier keine für immer gültige Lösung der Aufgabe vorgestellt werden kann, da die Ergebnislisten der beiden Suchmaschinen sekündlich anders ausfallen könnten. Bestimmte Eigenheiten gelten vermutlich dennoch für den Zeitpunkt, an dem du die Suchabfragen gestellt hast. **Seite 24**
Der Autor hat die beide Suchmaschinen am 25.5.2009 befragt und kommt für dieses Datum zu folgender Beispiellösung: Die Top 5 von www.google.de betreffen alle den Schriftsteller Bernhard Schlink, dessen Roman „Der Vorleser" verfilmt wurde. Der Kinostart dieses Films war im Frühjahr 2009. Dies hat vermutlich zu vermehrtem Interesse an Information zum Autor geführt; darauf reagiert auch Google in seinem „Ranking". Eine sehr „offene" Suchanfrage hat auf vorderen Positionen zu einem erstaunlich eingeengten Suchergebnis geführt. http://de.altavista.com dagegen nennt an Position 4 und 5 Suchergebnisse, die nichts mit dem Autor zu tun haben. Hätte man *nicht* den Autor Bernhard Schlink finden wollen, so wäre man in diesem Fall mit Altavista besser dran, weil man schneller auf „andere Ergebnisse" stößt. Weiterhin ist auffällig, dass Google auf Position 4 auf die Google-Buchsuche verweist. Das kann man als Werbung in eigener Sache sehen oder als Serviceangebot. Bei Altavista finden sich über den ersten „wirklichen" Suchergebnisse sogenannte gesponsorte Treffer, also echte Werbung.

4 Die Suchmaschine „korrigiert" den Fehler und weist darauf hin: **Seite 24**
„Meinten Sie: bernhard schlink"

5 Die Suchergebnisse sind Definitionen (Begriffsbestimmungen) des Begriffs Osmose.

6 a) freie Schülerlösung
b) freie Schülerlösung - vermutlich bist du immer noch in „der Nähe" deiner eigentlichen Suchanfrage.

7 Eingabe von [define:"uniform resource locator"]

**Seite 24** 8 Beispiellösung für den 5.6.2009:
a) 204 b) 941
Achtung es wurde nicht [Klimawandel in Bayern] gesucht, sondern ["Klimawandel in Bayern"] - Anführungszeichen beachten!

**Seite 25** 9 Die Endung „.pro" können bestimmte Berufgruppen bekommen, beispielsweise Rechtsanwälte oder Steuerberater. „.pro" steht also für „professionals". Seiten mit dieser Endung können interessant sein, weil dort gegebene Informationen relativ wahrscheinlich auf beruflichem Know-how beruhen. Andererseits hat etwa ein Steuerberater ein klares Eigeninteresse, wenn er beispielsweise Steuergesetzgebungen bewertet.

**Seite 29** 10 Lösungshinweise:
a) und b) sind Seiten von Unternehmen, die das Thema mit klaren Eigeninteressen angehen (Stichwort: Werbung).
Wenn du c) aufrufst, wirst du sicher sofort bemerken, dass hinter der Adresse das Bundesumweltamt steckt. Die Informationen sind damit für ein Referat an der Schule sicher gut verwendbar.
Wenn dir d) chinesisch vorkommt, dann hast du richtig gesehen. Es handelt sich um Aussagen der Regierung der Volksrepublik China. Es ist sicher Vorsicht geboten, die chinesische Regierung ist nicht demokratisch gewählt. Eine die Regierung kontrollierende Öffentlichkeit ist nicht (oder kaum) gegeben.
Die Seite, die du siehst, wenn die URL von e) eingibst ist schwerer einzuordnen. Das Impressum verrät, dass es sich um ein Unternehmen handelt, das OakMedia Websolutions heißt. Welchen Zweck das Unternehmen und damit die Seite verfolgt, ist nicht eindeutig.
Das Fazit lautet also: **c) ist relevant**. Die anderen Seiten können in Einzelfällen Informationen beisteuern. Natürlich sind - je nach Referatthema - Ausnahmen denkbar: Wenn das Thema wäre „Die Umweltpolitik Chinas", so wäre d) natürlich ein Volltreffer.

11 Beispiellösung
a) Nicht vielversprechend. Begründung: wenig Material, es steckt eine Unternehmensberatung dahinter. Daher ist fraglich, ob Objektivität gegeben ist. Allerdings werden interessante Links genannt. Also evtl. ein Ausgangspunkt für Link-Hopping.
b) Vielversprechend. Begründung: viel Material, gute Links unter anderem zu Statistiken des Umweltbundesamtes, eigene Statistiken; allerdings ist der Bundesverband Windenergie e.V. ein Verein, der sich für die Belange der Windenergie in Politik und Wirtschaft stark macht (eine sogenannte Interessensvertretung). Argumente gegen die Nutzung von Windkraft werden sich also kaum finden lassen.
c) Vielversprechend. Begründung: viel Material. Es ist allerdings jedes Material auf Quelle und Qualität zu prüfen. Die Seite wird von Privatleuten betrieben (Eigenaussage: klimawandel-global.de ist eine rein private, unabhängig betriebene Homepage), über deren Hintergrund (Fachwissen, Interessen) wir nichts wissen.
d) Vielversprechend. Begründung: wenig Material aber guter Einstieg, um sich selbst zu informieren. Betreiber sind öffentlich-rechtliche Sender, also ist journalistisch sauber aufbereitetes Material zu erwarten.
e) Nicht vielversprechend. Begründung: Wenig bis kein für das Referat brauchbares Material, zudem: die Abo-Wind AG ist eine Firma, die Windkraftanlagen-Projekte durchführt (das kann der Seite entnommen werden). Sie vertritt also ein starkes Eigeninteresse, Informationen wären somit einseitig.
f) Nicht vielversprechend. Begründung: An sich wäre die Seite eine verlässliche Informationsquelle (eine Universität), aber sie bietet wenig Informationen, die sehr schwer zu finden und sehr sehr wissenschaftlich sind. Die Seite wäre jedoch bei einem längeren, sehr in die Tiefe gehenden Referat sicherlich eine gute Quelle.

12 Das Entnahmedatum fehlt. Man braucht es für die Quellenangaben. **Seite 30**

13 a) Hier ist grundsätzlich Vieles möglich. Du kannst in den Meldungen blättern, eine Suchanfrage stellen, Rubriken anwählen: Politik, Kultur oder Sport. **Seite 33**
b) Beide Online-Angebote bieten tagesaktuelle Nachrichten, dazu lassen sich die klassischen Zeitungsrubriken (beginnend bei Politik und endend bei Sport bzw. Reise) anwählen, um zu den aktuellen Meldungen in diesen Interessenbereichen zu gelangen. Im oberen Bereich der Seite kann ein Suchbegriff eingegeben werden. Anzeigen sind auf den Seiten platziert, aber deutlich als solche gekennzeichnet.
Es sind (bei Zeit-Online etwas weniger) viele Bilder zu sehen, mehr als auf den Titelseiten der jeweiligen Print-Ausgaben. Es werden Videonachrichten angeboten.
c) Der Aufbau aller Online-Angebote von Zeitungen und Zeitschriften ist ähnlich, die genannten Elemente werden überall angeboten.

14 Nur Bücher, deren Urheberrecht frei ist, werden zurzeit (Juni 2009) vollständig angeboten. Das ist nach deutschem Recht der Fall, wenn die Autoren seit 70 Jahren tot sind, in den USA sind alle Bücher, die vor 1923 erschienen sind, frei nutzbar.

15 Na, weißt du schon, wann sie offen hat? Und hast du dich reingetraut? **Seite 34**

16 Das ist natürlich nur sinnvoll, wenn du in oder in der Nähe einer Universitätsstadt wohnst. **Seite 35**

17
- Gall, Alexander: Gute Straßen bis ins kleinste Dorf! Verkehrspolitik in Bayern zwischen Wiederaufbau und Ölkrise. Frankfurt am Main [u.a.] Campus-Verl., 2005 - Signatur: RR 8143(7)
- Unander, Fridtjof: Oil crises and climate challenges. 30 years of energy use in IEA countries. Paris OECD, 2004 - Signatur: T 04 B 2499

Anmerkung: Das ist das Suchergebnis vom 5.6.2009. Solltest du zu anderen Ergebnissen kommen, dann ist vermutlich ein neues Buch mit den gleichen Schlagwort „Ölkrise" zum Bestand dieser Bibliothek hinzugekommen.

18 freie Schülerlösung, z. B. Freizeitverhalten, Familiengröße (Kinderanzahl), Meinungen zu Schuluniformen, Gewalterfahrung, Essverhalten, Leseverhalten, Mediennutzung, schulische Leisungen, soziales Engagement, Fächervorlieben ... **Seite 36**

19 a) Beispiellösung: Du beginnst dein Referat, indem du das Interview (oder Ausschnitte daraus) vorspielst oder zitierst. So weckst du beim Publikum Interesse und weist nach, dass du hier eine verlässliche, wenn auch sehr persönlich-subjektive, Quelle gefunden hast. **Seite 37**
b) Auf der Webseite des Radiosenders.
c) Individuelle Lösung.

20 **Seite 38**
- ☐ Vandalismus an außerstädtischen Bushaltestellen ist ein häufiges Problem.
- ☐ Rentnerbande hat sich auf Schuleinbruch spezialisiert.
- ☒ Neue Streitschlichter an unserer Schule.
- ☐ Unsere Mensa bietet ab sofort ein Salatbuffet.
- ☒ Lehrer konfisziert Klappmesser und Schlagring.
- ☒ Viele Schüler werden gemobbt.
- ☐ Auch Kinder haben Kopfschmerzen.
- ☒ Schulball endet in Massenschlägerei.
- ☐ Immer mehr Handys können fotografieren und filmen.
- ☐ Rechtsradikale verteilen CDs vor dem Schulgelände.

(Die Lösung fiel dir vermutlich leicht, allerdings könnte der Inhalt einer Meldung dennoch von Belang für dein Referat sein, bei der es zunächst nicht so aussieht: Vielleicht steht im Artikel, dass die auf den Schulbus Wartenden immer Glasscheiben zertreten und dass der Ärger im Bus und in der Schule weitergeht. Und vielleicht steht im Beitrag über die Kopfschmerzen, dass viele Kinder unter Mobbing leiden - und dass sich das auch in Kopfschmerzen äußern kann. Das Salatbuffet allerdings ist ziemlich sicher nicht gewaltfördernd.)

**Seite 40**

21 a) Damit macht Leonie das einzig Richtige. Sie nimmt die Primärquelle und gewinnt eigene Erkenntnisse.

b) Das ist nicht zu empfehlen. Wer weiß, ob die Zusammenfassung inhaltlich richtig ist? Auch eine Zusammenfassung eines Romans nimmt natürlich eine Gewichtung vor - vielleicht wäre Leonie zu einer ganz anderen Sicht auf den Roman gekommen. Außerdem wird Leonie vermutlich von der kleinsten Nachfrage aus der Bahn geworfen.

c) Ganz ehrlich: Solltest du aus irgendwelchen (guten oder schlechten) Gründen in Zeitnot geraten, dann wäre das, was Leonie her macht, ein (vorsichtig gesagt) gangbarer Weg. Mit klaren Nachteilen: Klappentexte oder Buchbesprechungen können auch furchtbar daneben liegen. Nachfragen aus der Klasse könnten peinliche Lücken offenbaren. Also - ein echter Notbehelf.

d) Eine denkbar schlechte Idee! Du kennst doch auch das Spiel „Stille Post". Am Ende ist der zuerst gesagte Satz nicht mehr wiederzuerkennen. So könnte das auch hier passieren.

e) Das geht ganz und gar nicht. Ein Film ist nie inhaltlich mit einem Buch deckungsgleich. Ein Film muss Geschehnisse und Figuren in eine eigene Dramaturgie, in seine eigene filmische Sprache umsetzen. Manchmal werden Handlungen ausgelassen oder gekürzt. Handelnde Personen werden weggelassen oder auch „umgedeutet". Das mag man bedauern. Es ist aber so. Und es kann gar nicht anders sein.

22 Vorab: Bei der Vorbereitung zu einem Referat kann man immer wieder Überraschungen erleben, positive und negative. Wenn im Folgenden eine Möglichkeit als gut bezeichnet wird, so kann sich in der Realität erweisen, dass es gar nicht funktioniert, etwa weil sich Gesprächpartner als unergiebig erweisen oder ein Gespräch verweigern (keine Zeit, keine Lust). Andererseits könnte jemand, von dem man angenommen hätte, dass er nichts weiß, nur so sprudeln vor Informationen und vor Freude, diese zu vermitteln.
Ein Wort zum Thema: Die Geschichte eines Fußballvereins ist deutlich mehr als das Rauf- und Runterbeten sportlicher Erfolge oder Misserfolge. Sportvereine haben eine gesellschaftliche Funktion, sie hinterlassen architektonische Spuren (etwa in diesem konkreten Fall das „Gründwalder Stadion"). Sie sind eingebunden in das politische Geschehen der Zeitläufe.

- [x] Internetrecherche - Unaufwendig, und bringt in diesem Fall schnell und brauchbare Ergebnisse: Hinweise auf Bücher zum Thema.
- [x] mit Verantwortlichen des Vereins reden - Aufgrund der räumlichen Nähe eine noch unaufwendige Möglichkeit.
- [ ] in die Schulbibliothek gehen - Natürlich könnte man schnell hinschauen, sehr wahrscheinlich wird nichts zu finden sein, da das Thema zu speziell ist.
- [x] in die Universitätsbibliothek gehen - Da die Internetrecherche ergeben hat, dass es Bücher zum Thema gibt, nichts wie hin!
- [x] in die Buchhandlung gehen - Da die Internetrecherche ergeben hat, dass es Bücher zum Thema gibt, lohnt der Weg, vorausgesetzt man hat das Geld übrig, die Bücher zu kaufen.
- [ ] Jugendspieler des Vereins sprechen - Da sind wohl keine brauchbaren Auskünfte zu erwarten.
- [ ] das Stadtarchiv München besuchen - Es wäre dort sicher Vieles zu finden, aber der Aufwand ist hoch. Schließlich handelt es sich um ein Referat an der Schule und keine wissenschaftliche Arbeit im Studium.
- [x] beim Bayerischen Rundfunk nachfragen, ob es dazu eine Sendung gab - Könnte sich lohnen, immerhin zeigt eine schnelle Internetrecherche, dass es unter http://www.br-online.de/sport/fussball/tsv-1860-muenchen-DID122656733877/index.xml (6.6.2009) einen Textbeitrag zur Geschichte des Vereins gibt, der auch gesellschaftliche

und politische Aspekte umfasst. Das könnte darauf hinweisen, dass es auch Rundfunk- und Fernsehbeiträge gab (oder in Vorbereitung sind). Allerdings ist unter Umständen ein längerer zeitlicher Aufwand zu erwarten. Man kann nicht davon ausgehen, heute anzurufen und morgen eine Kopie der Sendung im Briefkasten zu haben.

☐ Kontakt mir Fanclubs aufnehmen - Fanclubs beschäftigen sich im Regelfall mit der ausschließlich sportlichen Gegenwart eines Vereins. Die Ausnahmen davon zu finden, ist zeitlich zu aufwendig.

## Abschlusstest

Seite 43

1 a) „Piraterie in Somalia"
☒ E-Paper (online-Ausgabe von Tageszeitungen/Magazinen
☐ Schulbuch
Das Schulbuch ist wahrscheinlich nicht aktuell genug.

b) Die Entwicklung der Arbeitslosenzahlen in den letzten Monaten
☒ www.destatis.de
☐ Besuch beim örtlichen Arbeitsamt
Destatis bietet exakte Informationen und das auch noch schnell.

c) Zeitlicher Ablauf der französischen Revolution
☒ Schulbuch und Schülerbibliothek
☐ Besuch des „Le Musée des Souvenirs Napoléoniens et des Archives du Palais" in Monte Carlo, Monaco
Monaco ist zu weit weg und außerdem beschäftigt sich das Museum nur mit Napoleon, der nur gegen Ende der Revolution eine Rolle spielt.

d) Der Zweite Weltkrieg in deiner Stadt
☒ Besuch im örtlichen Museum
☐ Gespräch mit deiner Großmutter
Das Museum bietet vermutlich mehr Informationen und weniger subjektive.

e) Ist es sinnvoll, eine Bank mit Steuergeldern zu retten?
☒ Ausgaben der Zeitschrift Wirtschaftswoche durchsuchen
☐ Gespräch mit dem Bundeswirtschaftsminister
Ein Gespräch mit einem Regierungsmitglied wird kaum zu erreichen sein.

f) Der Besuch des US-Präsidenten Obama im ehemaligen KZ Buchenwald und in Dresden.
☐ Presseabteilung des US-Botschaft in Berlin
☒ Berichterstattung in der deutschen und US-amerikanischen Presse (Print und Online)
Material der Presseabteilung der Botschaft wird lediglich einen offizielle Sichtweise vermitteln.

g) Königin Elisabeth die I. - England wird Seemacht
☐ verschiedene Romane über Queen Elisabeth ausleihen und lesen
☒ Internetrecherche mit Suchbegriffen „Elisabeth, Seemacht, England"
Romane vermitteln in der Regel kein historisch zutreffendes Bild.

h) Der deutsche Film im Wettbewerb von Cannes in den Jahren 2000 bis 2009
☐ Gespräch mit dem Mann/der Frau an der Kasse deines Lieblingskinos
☒ Besuch der Seite: www.epd-film.de
Vom Mann oder der Frau an der Kasse ist nicht unbedingt cineastisches Know-how zu erwarten.

## Kapitel 3: Das Material verstehen und bewerten

### Aufgaben

**Seite 44** 1 Die Lösung findest du in Kapitel 5, Seite 64/65.

**Seite 46** 2 a) Die Zahlen auf der senkrechten, linken Achse geben den Prozentsatz der befragten Jugendlichen an, die Gewalttaten verübten, und zwar in Abhängigkeit davon, ob und wie viele straffällig gewordene (delinquente) Freunde sie haben.
b) Die Farben der Säulen beziehen sich auf die Verübung von Gewalttaten bzw. schweren Gewalttaten in einem Zwölfmonatszeitraum bzw. auf die wiederholte Verübung von (schweren) Gewalttaten.
c) Sie muss die Begriffe „delinquent" und „Monatsprävalenz" erklären:
„12-Monatsprävalenz Gewalt" bedeutet „eine Gewalttat innerhalb eines Jahres".
Der Begriff „delinquent" bedeutet etwa so viel wie „straffällig"
Eventuell könnte sie auch „Gewalt" von „schwerer Gewalt" unterscheiden und „Mehrfachtäterschaft" in einfacheren Worten beschreiben.

**Seite 47** 3 a) Ja, wahrscheinlich muss sie das. Ayse kann, vor allem bei einem längeren Grundsatzreferat, einer intensiven Beschäftigung mit dem Text letztlich nicht ausweichen.
b) Nein, damit übergeht sie die anderen Aspekte (Industrie, Politik), die auch zu ihrem Referatthema gehören und zu denen sie im Text wesentliche Informationen finden könnte.
c) Möglich - aber was bringt ihr das? Werden Ihre Zuhörerinnen und Zuhörer das auch machen?
d) Stimmt nicht! Gerade die Zahlenangaben zeigen ja, wie Industrie, Politik und jeder Einzelne durch Einsparungen des Primärenergiebedarfs zur Bewältigung der Energiekrise beitragen können.

**Seite 48** 4 a) Möglich, aber sie hat dann dabei übersehen, dass der Beitrag der Einzelnen, der im 5. Abschnitt des Textes angesprochen ist, doch einen wesentlichen Beitrag zum Ganzen ausmachen.
b) Gute Möglichkeit, wenn es ansonsten für sie und/oder ihr Publikum zu schwer verständlich würde.
c) Wenn ihr das gelingt, ist das sicher eine gute Idee. Sie darf dabei nur nicht vergessen, dass es bei ihrem Thema um „den Einzelnen" geht, das muss sie deutlich herausstellen.
d) Das wäre ganz falsch: zusätzliche Materialien gehören überhaupt nicht ins Handout; möglich wäre hingegen, im Handout auf „weiterführende Literatur" hinzuweisen.

**Seite 49** 5 a) Das geht nicht: Timo hat diesen Text gestellt bekommen und *muss* über ihn referieren, siehe Aufgabe 1. (Wenn der Aufgabentext von Aufgabe 1 nicht berücksichtigt würde, wäre es allerdings eine mögliche Lösung.)
b) Das bringt wahrscheinlich überhaupt nichts, kostet aber viel Zeit.
c) Ja. So zeigt er, dass er ihn verstanden hat. Wenn er gut formuliert hat, verstehen ihn auch seine Zuhörer/innen.
d) Auch das ist wahrscheinlich wenig zielführend und kostet viel Zeit.
e) Ja, das ist sehr gut. Er zeigt so, dass er verstanden hat worum es geht und er erleichtert (wenn die grafische Umsetzung gelingt!) seinem Publikum das Verständnis.

**Seite 49** 6 a) Möglich, aber unter Umständen führt sie das zu weit von ihrem Thema weg.
b) Ebenfalls möglich, aber auch das führt sie wahrscheinlich zu weit von ihrem Thema weg.
c) Es ist sicher eine gute Idee, eine abstrakte Theorie an einem konkreten Beispiel vorzustellen!

**Seite 49** 7 Über alternative Energiegewinnung zu sprechen und theoretisch Möglichkeiten der Einsparung zu nennen (Möglichkeiten a) und b)) ist sinnvoll, bewirkt aber kaum eine *Verhaltens-*

*änderung*. Deshalb ist der Antwort c) der Vorzug zu geben. Auf diese (mit einer praktischen Übung verbundene) Erkenntnis können andere Ausführungen folgen.

## Abschlusstest

Seite 52/53

1 a) individuelle Lösung, vgl. auch b)

b) beispielhafte Lösung

| Ratschläge für den schlechten Redner (nach K. Tucholsky) | Ratschläge für den guten Redner |
|---|---|
| Fang nie mit dem Anfang an, ... | Komme von Anfang an auf den Punkt. |
| Drohe mit dem, was du sagen wirst. | Erleichtere deinem Publikum den Einstieg ins Thema. |
| Immer schön umständlich. | Formuliere klar und verständlich. |
| Sprich nicht frei [...] lies deine Rede ab | Sprich frei, lies nicht ab. |
| Sprich, wie du schreibst. | Für einen Vortrag/eine Rede gelten andere Kriterien in Bezug auf Satzbau, Formulierungen etc. |
| Sprich mit langen, langen Sätzen ... | Verwende kurze, verständliche Sätze. |
| Fang immer bei den alten Römern an und gib stets, wovon du auch sprichst, die geschichtlichen Hintergründe der Sache ... | Bleib beim Thema, schweif nicht ab. |
| Kümmere dich nicht darum ob die Wellen, die von dir ins Publikum laufen, auch zurückkommen, sprich unbekümmert ... | Achte darauf, ob das was du vermittelst, auch beim Publikum ankommt. Achte darauf, ob Fragen auftreten. |
| Du musst alles in die Nebensätze legen. | Formuliere knapp und prägnant. |
| Trink den Leuten ab und zu ein Glas Wasser vor | Mach nicht mitten im Vortrag nicht etwas, was gar nicht dazugehört. |
| Wenn du einen Witz machst, lach vorher ... | Wenn ein Witz nicht von selbst wirkt, lass ihn lieber weg. Keinesfalls selbst vorher lachen. |
| Sprich nur, lies nur, donnere nur, geschichtele nur | Behalte die Reaktionen deines Publikums im Auge, verliere dich nicht im Thema. |
| ... dass Statistik eine Rede immer sehr hebt ... | Statistiken (Zahlenwerte) machen einen Vortrag langweilig. |
| Kündige den Schluss deiner Rede lange vorher an, rede noch eine halbe Stunde | Der Schluss wird zwar angekündigt, aber er muss dann auch folgen und kurz und knapp sein. |
| Sprich nie unter anderthalb Stunden, sonst lohnt es gar nicht erst anzufangen | Halte dich an die Zeitvorgaben und überziehe nicht. |
| Wenn einer spricht, müssen die andern zuhören - das ist deine Gelegenheit. Missbrauche sie. | Langweile deine Zuhörer nicht; nutze das Referat nicht zur Selbstdarstellung. |

d) Die „Wellen, die von dir ins Publikum laufen" sind die Intentionen die du vermitteln möchtest, die Aussagen, die du erklärst usw. Wenn sie „nicht zurückkommen" wirst du nicht verstanden.

e) „Fang stets bei den Römern an ..." - Unter Umständen ist es nötig, gewisse Vorkenntnisse zu vermitteln; immerhin geht es bei schulischen Referaten um Wissens- und Informationsvermittlung. Auch der (umgekehrte) Tipp, Statistiken wegzulassen, ist in diesem Zusammenhang unpassend.

# Kapitel 4: Struktur und Gliederung

## Aufgaben

**Seite 56** 1

| | |
|---|---|
| Ökologische Folgen intensiver Landnutzung in Nordafrika | Fotos aus Togo ca. 1880 bis 1890 |
| Gefahren des Raubbaus in Amazonien für das ökologische Gleichgewicht der Region | Ein paar Mitschüler/innen sind eingeweiht und erscheinen alle gleich angezogen. |
| Eine Woche im Leben einer Familie in Deutschland in der Zeit der Frühindustrialisierung | Trailer von „Der Vorleser" und „Herr der Ringe". |
| Ursachen für religiöse Spannungen zwischen Christen und Muslimen | Schaubild zum Holzabbau in Amazonien |
| Die Bedeutung technischer Erfindungen des 19. Jh. für die wirtschaftliche Entwicklung einer Stadt in Deutschland | Schüsseln auf einem Tisch, mit dem, was einer sechsköpfigen Arbeiterfamilie zum Essen zur Verfügung stand |
| Das Leben der einheimischen Bevölkerung in einer deutschen Kolonie in Afrika | Bild einer ausgetrockneten Oase |
| Literaturverfilmungen - ein neuer Trend? | Ausschnitt oder Trailer zum Film „Königreich der Himmel" (spielt in der Zeit der Kreuzzüge) |
| Schuluniformen - Pro und Kontra | Zwei Stadtpläne, einer von ca. 1800 einer von ca. 1900 |

**Seite 57** 2 a) Der Mensch, ein Teil dieser Erde, konsumiert, er muss konsumieren bis zum Ende. Wird er am Ende auch die Erde konsumiert haben?

b) Mithilfe der Technik machen wir unser Leben gegenwärtig bequem, wir können aber auch viel zerstören. Werden wir mit der Technik sogar unsere Zukunft und die unserer Nachkommen zerstören?

3 a) Einstieg mit einem Bild aus jener Zeit, das eine Frau und Kinder vor einem zerstörten Haus zeigt, vielleicht mit Untertitel: Wie geht's weiter? Einleitung: „Millionen von Toten, wirtschaftlicher Ruin, eine unermessliche Schuldenlast, ein verlorener Krieg - wie ist einem da zumute?" oder: „Eine finstere Zukunft nach dem ersten Weltkrieg - wie sollte man sie bewältigen?"

b) Möglichst großformatige Bilder der Komponisten (mit Lebensdaten) an Tafel/Pinnwand aufhängen; bereits am Äußeren lassen sich erste Eindrücke über das unterschiedliche Zeitgefühl (vielleicht auch über die Geisteshaltung) gewinnen.Einleitung: „Musik im Lauf von 50 Jahren - das bedeutet heute riesengroße Veränderungen. Welche Entwicklungen gab es - innerhalb derselben Zeitspanne - vor etwa 200 Jahren?"

c) Zwei Zeitungsschlagzeilen zur aktuellen Wirtschaftskrise (vergrößert und gut lesbar) präsentieren (evtl. mit der Verlaufskurve einer negativen Börsenentwicklung und mit einem Titel zur Automobil- oder Exportkrise in Deutschland). Einleitung: „Diese Meldungen sind uns vertraut, von den Auswirkungen lesen, hören und spüren wir fast alle etwas. - Wie war das aber bei der (letzten) großen Weltwirtschaftskrise von 1930? Weshalb konnte sie sich so massiv entwickeln und welche Folgen ergaben sich daraus?"

4 Beispiel-Lösungen: Seite 58

1 Ursachen und Verursacher hoher $CO_2$-Emissionen
   1.1 Energieerzeuger
   1.2 Verkehr
   1.3 Haushalte
   1.4 Industrie
2 Folgen/Auswirkungen
   2.1 Schädigung der Ozonschicht
   2.2 Klimawandel
3 Perspektiven/Auswege
   3.1 technische Weiterentwicklungen
   3.2 geändertes Verbraucherverhalten
   3.3 Technologievorsprung

1 Die negativen Auswirkungen hoher $CO_2$-Emissionen
   1.1 Schädigung der Ozonschicht
   1.2 Klimawandel
2 Verursacher und Auswege
   2.1 Energieerzeuger
      2.1.1 Schadstoffmenge
      2.1.2 Mögliche Auswege
   2.2 Verkehr
      2.2.1 Schadstoffmenge
      2.2.2 Mögliche Auswege
   2.3 Haushalte
      2.3.1 Schadstoffmenge
      2.3.2 Mögliche Auswege
   2.4 Industrie
      2.4.1 Schadstoffmenge
      2.4.2 Mögliche Auswege
3 Perspektive für die Wirtschaft: Technologievorsprung

5 Beide Überleitungen sind gut: Seite 59
Überleitung a) beginnt mit Fragen an das Publikum (bezieht es also ein) und spricht gleich die Inhalte des kommenden Punktes kurz an (gibt also einen Überblick über das Folgende). Überleitung b) „weckt auf" indem hier eine provokante Äußerung in den Raum gestellt wird, die unter Umständen kommentiert wird.

6 z.B.:
- Die Lage ist ernst, aber nicht hoffnungslos. Es kann ganz viel getan werden: Fangen wir mal „oben" an, bei der Politik. Im Kyoto-Protokoll von 1997 haben sich 158 Staaten der Erde ...
- Es hilft aber nichts, zu jammern: Jeder Einzelne von uns kann helfen! Schaut euch doch einfach mal im Klassenzimmer um, wir haben das Licht an, obwohl draußen die Sonne scheint ...

7 Seite 60
- Satz 1 *könnte* der Schlusssatz zu einem Referat über Kraftwerke sein; im Zusammenhang mit einem allgemeineren Energiethema gehört er allerdings sicher in den Hauptteil.
- Satz 2 kündigt einen „Überblick" und „mehrere Aspekte" an; der Satz kommt sicher nicht im Schluss vor.
- Satz 3: Für diese Begründung braucht die Referentin/der Referent sicher mehr Zeit, als sie/er im Schluss dafür einplanen sollte: kein typischer Schlusssatz.
- Satz 4: Ja, dieser Satz kann im Schluss vorkommen (er ist aber relativ langweilig).
- Satz 5: Der einschränkende Satz eignet sich dann für den Schluss, wenn das angekündigte Szenario auch wirklich kurz beschrieben werden kann.

8 Satz a) ist sehr gut, er bringt zum Ausdruck, dass ihr selbst das Buch gefallen hat und motiviert das Publikum, ohne es unter Druck zu setzen.
Satz b) ist eine typische Entschuldigung, die in einem Referat nichts verloren hat.
Satz c) ist zu deutlich; vielleicht wollen einige Schüler nicht - es könnte zu negativen Reaktionen führen: Was, wenn ein paar „Neee" oder „Klar, wenn du zahlst" rausschreien?

**Seite 63** **Abschlusstest**

1 a) eindeutig: Hauptteil
b) Einleitung oder Hauptteil-Überleitung
c) Hauptteil
d) Hauptteil, eventuell auch Schluss; unter Umständen passt dieser Satz aber gar nicht zum Thema!
e) Hauptteil oder Schluss (je nach Länge und Gewichtung)
f) Hauptteil
g) Hauptteil oder Schluss (als Schluss aber nicht besonders gut)
h) Hauptteil
i) Einleitung oder Hauptteil

2 z.B.: Einstieg:
- kurze Umfrage in der Klasse, wie viele in den letzten Monaten Opfer oder Zeuge von Gewalt geworden sind
- Beispiel (Amoklauf von Winnenden)
- persönlicher Bericht („Einem Freund von mir ist letzte Woche etwas passiert ...")
- Pressemeldungen

Einleitungssatz:
„Als erstes möchte ich auf die häufigsten *Ursachen* von Jugendgewalt eingehen."
„Wichtig ist es, zu wissen, wodurch Gewalttaten überhaupt *verursacht* werden ..."
Überleitung:
„Nicht nur der schlechte Umgang, vor dem wir immer gewarnt werden, auch eigene Verhaltensweisen, die wir zunächst gar nicht mit dem Thema Gewalt in Verbindung bringen, sind Risikofaktoren ..."

# Kapitel 5: Material vortragsgerecht aufbereiten

## Aufgaben

**Seite 66** 1 Im Grunde sind alle Erklärungen relativ gut verständlich je nach Alter und Vorwissen der Zuhörer. (Gehe davon aus, dass deine Zuhörer dich verstehen, wenn du die Erklärung auch gleich verstanden hast. Frage eventuell nach und erkläre auch mithilfe von Beispielen.)

**Seite 67** 2 Beispielhafte Lösung; besondere Betonungen sind kursiv hervorgehoben:
Man geht davon aus, dass ein typischer, ganz normaler Haushalt zwei Dinge problemlos schafft; *erstens*: aufpassen, dass weniger Energie verschwendet wird und *zweitens*, sich ein wenig einschränken, also auf ein *bisschen* Komfort und Luxus verzichten.
So ganz genau kann man nicht unterscheiden, wo *Verschwendung* aufhört und *Komfort-Verzicht* anfängt: Wenn man sich zum Beispiel angewöhnt, die Heizung abzustellen, wenn man nicht da ist, ist das *sowohl* Verschwendungsvermeidung *als auch* Komfortverzicht - man muss sie ja wieder einstellen, und es ist vielleicht anfangs ein bisschen kalt.
Die Autoren des Textes behaupten, dass durch weniger Verschwendung 7% und durch gewisse Einschränkung 3% an Primärenergie eingespart werden kann. Das sind zusammen immerhin 10%! So senken wir - im Schritt vier - den Primärenergiebedarf nochmal auf 90%.

**Seite 68** 3 a) Nicht gut: Keine eigene Denkleistung und außerdem eine Art „Entschuldigung", die im Schlusswort nichts verloren hat.
b) Gut. Ein eventueller Nachteil der Quelle (veraltet) wurde ins Gegenteil verkehrt.

c) Ebenso gut, wobei sichergestellt werden müsste, dass diese Denkanstöße auch *wirklich* noch aktuell sind! Vielleicht ist man ja inzwischen ganz anderer Meinung?

d) Sehr gut! Optimal wäre natürlich, wenn man diese Frage dann auch, zumindest ganz kurz oder in Teilbereichen auch beantworten könnte. Aber auch der abschließende Satz „Aber das ist ein eigenes Referatthema" wäre sehr geschickt!

4 Timo könnte
- sich das Buch besorgen und kurz zusammenfassen, was da sonst noch drinsteht;
- Hintergrundinformationen zu den Autoren sammeln;
- nach kritischen Stimmen zu diesem Buch suchen (Es gibt sie, im Internet!);
- sich über den „Club of Rome" (vergleiche Quellenangabe) informieren;
- wie in Aufgabe 6 d) angedeutet, prüfen, inwieweit die Forderungen inzwischen erfüllt wurden; und so weiter ...

5 **Seite 69**

| Wahrnehmungsart | Vergessen in % |
|---|---|
| Lesen | 90 |
| Hören | 80 |
| Sehen | 70 |
| Hören und Sehen | 50 |
| selbst sagen | 30 |
| selbst handeln | 10 |
| Daten nach: J. Holler: Das neue Gehirn, Paderborn, 1997 | |

Beachte: in der Grafik ist vorgesehen, dass man einträgt, wie viel man sich merken kann; in der Tabelle wird eingetragen wie viel vergessen wird!

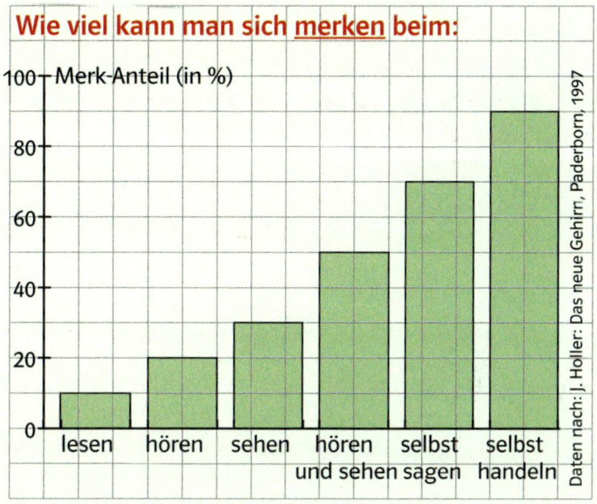


6 a) Es gibt keine „falsche" Darstellung, solange man erkennt: die absolute Zahl der Meldungen steigt an (in Darstellung 2 kaum erkennbar); die Anteile ändern sich (vor allem die Zunahme der Körperverletzungen. Entscheide selbst, in welcher Darstellung das am deutlichsten wird: **Seite 70**

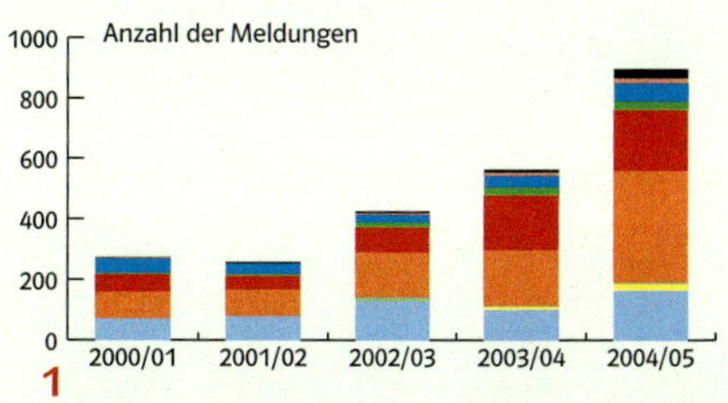


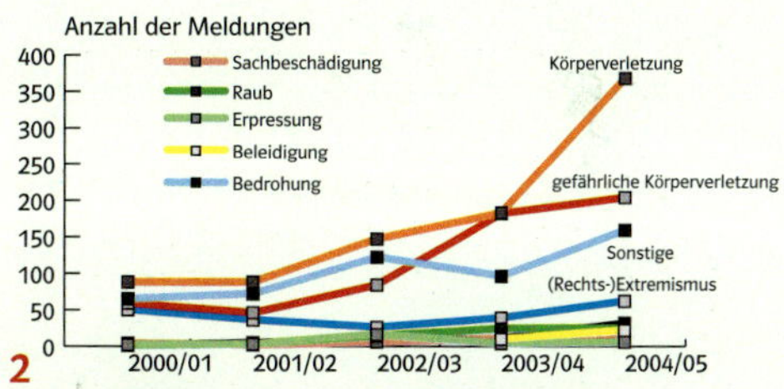


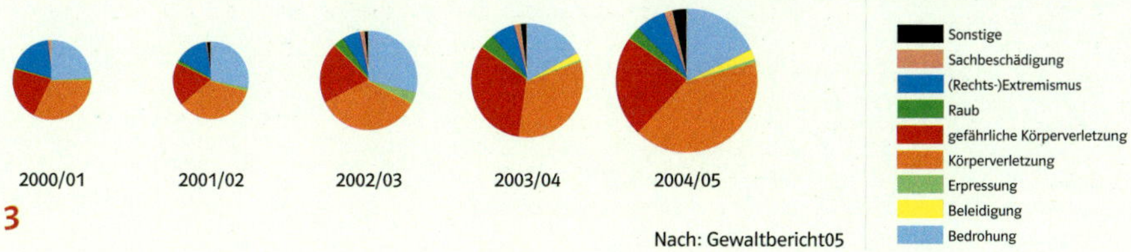


Nach: Gewaltbericht05

b) Es wurden im Beobachtungszeitraum eindeutig *mehr* Bedrohungen erfasst, der relative (prozentuale) *Anteil* der Bedrohungen ist nur deshalb gesunken, weil die anderen Gewaltdelikte stärker angestiegen sind. Vorsicht: Wenn man nur die Zahlenwerte für den *Anteil* der Bedrohungen ansieht, könnte man meinen, dass diese abgenommen hätten, was aber so nicht stimmt.

**Seite 71**

7 Timo kann die Grafik mit einem Overheadprojektor oder mit Computer und Beamer präsentieren. Er sollte jedoch nicht die ganze Grafik gleich zeigen, sondern immer nur den Teil, den er gerade bespricht. Das Publikum kann die Grafik sicher besser verstehen, wenn man sie „stückweise" erklärt.

**Seite 72**

8 Sie sollte die Bilder nur verwenden, wenn sie wirklich wichtig sind (was man sich bei dem Thema nur schwer vorstellen kann). Als Einstieg wäre das vielleicht gut.
Sie muss beachten, dass sie relativ viel Zeit dafür benötigt, ein Bild zu präsentieren; auch die Technik muss vorbereitet werden, bereitstehen und funktionieren.

10 Ich kündige auf jeden Fall an, dass ich jetzt einen Filmausschnitt vorführe: „Lasst uns mal kurz zusammen den Trailer (das ist die offizielle Filmvorschau, die man sich kostenlos aus dem Internet runterladen kann) zum Film *Der Vorleser* ansehen."
Dann lasse ich mein Publikum in Ruhe zusehen. Vielleicht kommt dann ja schon eine Reaktion „Hey, toll, sollte man sich echt anschauen" - und dann habe ich auch gleich meine Überleitung: „Ja, genau, das haben sich viele gedacht: Schon einen Monat nach Filmstart hatten xxx Besucher ...". Ich könnte auch fragen, wer den Film schon gesehen hat und hoffen, dass es viele waren. Ansonsten erzähle ich, dass ich den Film schon gesehen habe und ganz toll fand. Alles führt mich wieder auf meine geplante Überleitung.

**Seite 74/75**

## Abschlusstest

1 Man hat 1998/1999 und 2005 bis 2009 Schülerbefragungen in 8 Städten aus 7 Bundesländern durchgeführt, die als repräsentativ gelten, das bedeutet, dass man die Ergebnisse auf ganz Deutschland anwenden kann. Dabei hat man die Schüler unter anderem auch befragt, ob und wenn ja wie viele Gewalttaten sie begangen haben. Die Ergebnisse sind überraschend: Man hat herausgefunden, dass der Anteil dieser Jugendlichen im Vergleich zu der Befragung vor 10 Jahren, zum Teil *beträchtlich gesunken* ist (die genauen Zahlen gebe ich euch später).

2 Grafik rechts

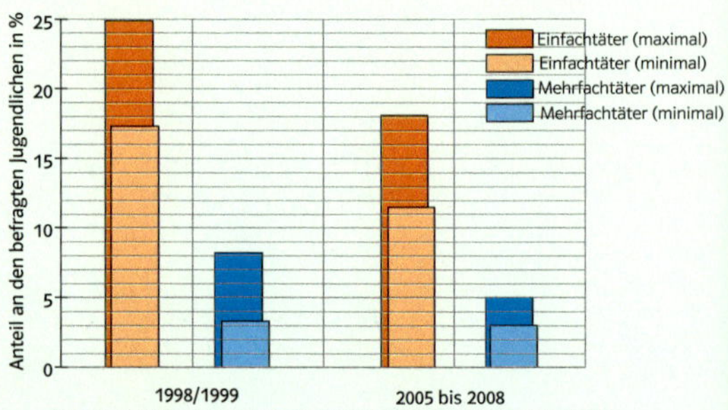

Daten nach: http://wwwedit.kfn.de/home/Forschungsbericht_107.htm, aus dem Internet am 8.5.2009

3 Kernaussage „Gewaltbericht": Die Anzahl der Gewaltdelikte steigt
Kernaussage „Forschungsbericht": Die Anzahl der Gewaltdelikte ist gesunken.
Erklärungsversuche:
1. Die Aussagen zum Forschungsbericht sind neuer, daher ist diese Entwicklung richtig, es gibt keinen Widerspruch
2. Der Gewaltbericht bezieht sich nur auf Berliner Schulen, der Forschungsbericht auf eine repräsentative Umfrage im gesamten Bundesgebiet. Vielleicht ist Berlin eine Ausnahme?

Bei einem Referat muss man **unbedingt auf Widersprüche in Quellentexten hinweisen.** Optimal wäre es, wenn man Widersprüche oder unterschiedliche Aussagen aufklären oder erklären kann. Aber auch ein Hinweis darauf genügt schon: „Was mich sehr erstaunt hat ist,

dass man zwei völlig unterschiedliche Behauptungen findet, nämlich ..."
Ein Widerspruch *kann* aber natürlich auch ein Hinweis darauf sein, dass vielleicht eine Quelle falsch oder veraltete ist. Auf Seriosität und Verlässlichkeit der Quellen ist also unbedingt zu achten!

4 Folgende Textstelle gibt den Hinweis: „Für die einzelnen Gewaltdeliktbereiche (Raub, Erpressung, Körperverletzung) zeigen sich ebenfalls *in den meisten Gebieten* rückläufige Trends; *teilweise* gibt es aber auch über die Zeit *konstante oder leicht ansteigende* Raten. Insbesondere zur Körperverletzung sind die Befunde uneinheitlich."
In eigenen Worten: Der Text erwähnt, dass „in den meisten Gebieten" dieser rückläufige Trend zu beobachten ist; das bedeutet aber auch, dass er in *manchen* Gebieten steigt! Außerdem spricht man im Text von „uneinheitlichen Befunden". Tja, das heißt, dass die Befragungsergebnisse *nicht einheitlich* waren, dass man also in manchen Fällen doch *etwas anderes* herausgefunden hat.
(Für diese Art von Belegen sind wörtliche Zitate sehr sinnvoll! Auch hier ist, wenn irgend möglich, eine Erklärung der Referentin/des Referenten sehr positiv zu bewerten. Sie könnte lauten: „Ist es möglich, dass eine sensationsgierige Presse solche Vorkommnisse übertrieben bewertet? Oder kann es sein, dass die Bundesregierung und die Polizei die Entwicklung positiver darstellen will als sie tatsächlich ist?" Es ist in einem Referat legal, auch „offene Fragen" stehenzulassen - um das Publikum zum Nachdenken zu bringen.)

# Kapitel 6: Medieneinsatz

## Aufgaben

1 Individuelle Lösung **Seite 76**

2 **Seite 77**

| | |
|---|---|
| Strichliste, die die Ergebnisse einer kurzen Umfrage in der Klasse: „Wer ist für Schuluniformen?" die zu Beginn des Referats gemacht wird, wiedergibt. | Computer/Beamer |
| Farbiges Balkendiagramm über die Häufigkeit von Gewaltdelikten. | Fernseher mit Video-/DVD-Spieler |
| Geografische Lage des Drei-Schluchten-Staudammes in China | Karte auf Kartenständer |
| beschriftete Kärtchen zum Thema „Freizeitverhalten Jugendlicher" | Pinnwand oder Magnettafel |
| Trailer (Filmvorschau) zu „Der Vorleser" | Tafelanschrieb |
| digitale Folie, bei der sich Schritt für Schritt neue Schlagworte einblenden | Overheadprojektor |

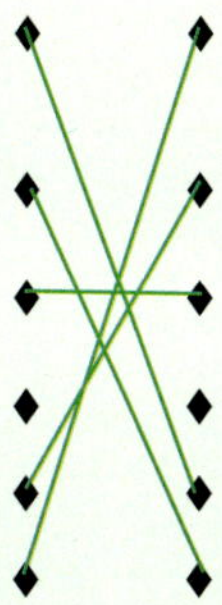

3 a) Vorteil: die Grafik entsteht „live" und stückchenweise und ist so sicher gut nachvollziehbar. Nachteil: es ist schwierig, weil die Länge der Balken ja stimmen muss, das Anschreiben braucht auch eine gewisse Zeit. **Seite 78**
b) Bei dieser Möglichkeit hat er dieselben Vorteile wie beim Tafelanschrieb, er kann das aber alles vorbereiten und braucht so weniger Zeit. Die Folie kann man auch kopieren und den Zuhörern mitgeben.
c) Das ist nicht gut: Das Schaubild ist ohne Erklärungen schwer zu verstehen. Außerdem fasst es das ganze Referat zusammen, das Publikum erfährt also beim weiteren Vortrag

nichts Neues. Außerdem sorgt das Durchreichen für Unruhe und es können nicht alle gleichzeitig die Grafik sehen.

d) Das ist ziemlich aufwendig, vor allem weil die Grafik ja „stückweise" gezeigt werden sollte. Außerdem muss die Technik bereitstehen und funktionieren.

Individuell, z. B.:
- Ich würde Möglichkeit a) wählen, weil ich gut an die Tafel schreiben kann.
- Ich würde Möglichkeit a) wählen, die anderen Medien nicht zur Verfügung stehen oder mir zu kompliziert sind.
- Ich würde Möglichkeit b) wählen, weil mir das am meisten Zeit für meinen Vortrag verschafft.
- Ich würde Möglichkeit d) wählen, weil ich mich am Computer richtig gut auskenne und so etwas schon öfter gemacht habe.
- Ich würde keine der Möglichkeiten wählen sondern die Grafik in das Handout integrieren, das ich nach dem Vortrag austeile.

**Seite 81**

5 mögliche Kritikpunkte an der oberen Folie:
- Die Folie ist total unübersichtlich.
- Es werden zu viele Schriftarten und Farben verwendet.
- Man kann den Text gar nicht lesen, der Text ist viel zu klein.
- Die Grafik ist nicht erkennbar und daher unsinnig.
- Die Überschrift ist nicht aussagekräftig genug.
- Der Verlauf im Hintergrund ist störend.

mögliche positive Aspekte für die untere Folie:
- Die Sätze sind kurz, knapp und gut verständlich.
- Der Platz ist sinnvoll aufgeteilt, die Schrift groß genug um sie noch gut lesen zu können.
- Die dezente Farbigkeit lenkt nicht vom Wesentlichen (dem Inhalt) ab.
- Überschrift und Unterüberschrift machen deutlich, worum es geht.

**Seite 85**

## Abschlusstest

1
- Die Statistiken müssen zuschauergerecht aufbereitet sein und inhaltlich stimmen. (vgl. Seite 89 bis 71).
- Die nötigen Geräte (Overheadprojektor/Computer Beamer) müssen bereitstehen und funktionieren.
- Die Präsentation an sich muss wirkungsvoll sein (Seite 79).
- Sie muss die Statistiken an der richtigen Stelle in ihr Referat einbauen und gut dazu überleiten.
- Sie sollte sich überlegen, was sie macht, wenn die Technik versagt.

2
- Er braucht einen Computer mit Lautsprechern oder einen mp3-fähigen DVD-Spieler.
- Er muss dafür sorgen, dass die Geräte bereitstehen und funktionieren.
- Er muss den Ablauf gut planen, es dürfen nicht zu lange Pausen entstehen, der Vortrag muss „flüssig" bleiben; er sollte auf jeden Fall eine Generalprobe machen.
- Er muss auf die Zeit achten; gerade wenn er „an mehreren Stellen" Musik einspielt, kann das relativ schnell zu lang dauern.
- Er sollte sich überlegen, was er macht, wenn die Technik versagt.

3
- Bei der Vorbereitung muss sie auf eine gute Gestaltung achten (Seiten 80/81) und regelmäßig Sicherungskopien erstellen.
- Sie muss aufpassen, dass sie nicht vor lauter Technik die Inhalte vergisst.
- Beim Vortrag darf sie sich nicht „hinter dem Computer verstecken".

# Kapitel 7: Letzte Vorbereitungsphase und Durchführung

1 Ähnlich gestaltet wie die Karte auf Seite 87, steht hier beispielsweise: **Seite 88**
Faktor 4 5
**5. Schritt: Anteil erneuerbarer Energien erhöhen**
(politische Vorgabe/technischer Fortschritt)
Beispiele: Solarenergie-Förderung, Windparks ...
reduziert PE um weitere 20 auf jetzt 26% Folie ganz aufdecken
Überleitung: „insgesamt betrachtet ..."
Zeitkontrolle: ca. 12 min.

2 Die Gestaltung ist nicht besonders schön, der Text entspricht inhaltlich der Grafik, er hätte den Text etwas schöner und zusammenfassender formulieren können. Auch die Überschrift ist eher langweilig und wenig aussagekräftig. Platz für Notizen ist nicht vorgesehen. **Seite 90**
Ja, er hat etwas Wesentliches vergessen: Die Quellenangabe!
Kleinigkeiten hat er auch vergessen (wenn es gefordert war), nämlich Datum und Schulfach.

3 bis 6 Individuell zu lösende Aufgaben.

7 **Seite 93**

| | | |
|---|---|---|
| souverän **Bild 2** | selbstbewusst **Bild 2** | unsicher **Bild 1** |
| unfreundlich **Bild 1** | lustlos **Bild 1** | kompetent **Bild 2** |
| verkrampft **Bild 1** | nervös **Bild 1** | linkisch **Bild 1** |

8 bis 12 Individuelle Lösung.

12 Kevin verdeckt die Inhalte und „verkriecht" sich hinter dem Bildschirm. Er hat keinen Blickkontakt zum Publikum und ist sicher auch akustisch nicht gut verständlich. Die Folie an sich ist schlecht (unübersichtlich) und unscharf eingestellt. **Seite 90**

13 zum Beispiel: **Seite 95**
- Die Klasse ist motiviert, weil das Thema interessant ist.
- Der Raum bietet alle notwendigen technischen Voraussetzungen, ist nicht zu kalt und und nicht zu warm, es ist frisch gelüftet ...
- Lehrer/in und Schüler/innen sind rechtzeitig im Vortragsraum/Klassenzimmer versammelt, ruhig und aufmerksam.
- Als Referent/in bist du bestens vorbereitet und hast nichts zuhause vergessen.
- Alle erforderlichen Materialien liegen bereit.
- Die Technik funktioniert.

14 a) Du bittest die Lehrkraft, dir und den Mitschülern zu erlauben, sich zunächst ein wenig zu beruhigen und bei Bedarf etwas zu trinken. **Seite 96**
b) Du sprichst dich mit der Lehrkraft ab und teilst den Mitschülerinnen und Mitschülern mit, dass du mit dem Vortrag wartest, bis alle eingetroffen sind. (In diesen wenigen Minuten können die bereits Anwesenden ihren inneren Schalter von „Wochenende" auf „Schulalltag" umlegen.)
c) Vielleicht kann man die Situation für eine Überleitung auf das Referat nutzen: „Viele von uns sind schockiert und enttäuscht über die schlechten Noten, die wir gerade bekommen haben. Ich schlage vor wir bitten Frau/Herrn N.N. nach meinem Referat noch kurz um Erlaubnis, uns zu besprechen. Inzwischen kommen wir vielleicht durch einen kleinen Filmausschnitt zum Buch „Der Vorleser" auf andere Gedanken."

Auf jeden Fall solltest du die Sorgen deiner Mitschüler/innen ernst nehmen und nicht einfach ignorieren und ohne jede Überleitung mit dem Vortrag beginnen.

**Seite 99**

17 a) Das ist wahrscheinlich nicht angemessen, es sei denn, sie braucht die Gliederung als Redemanuskript selbst dringend.
b) Sinnvoll. Eventuell könnte sie auch am Anfang darauf hinweisen, dass eine Gliederung nachgereicht wird.
c) Gut, wenn sie dadurch nicht in Zeitnot gerät.
d) Gut, wenn die Lehrkraft einverstanden ist (sie sollte das vorher klären).

**Seite 100**

18 a) Schlecht, er kann ja nicht einfach verschwinden und weiß auch nicht, wie lange die Suche dauern wird. (Nur möglich, wenn er ziemlich sicher weiß, dass das Gerät im Nebenraum sein könnte.)
b) Das geht nur dann, wenn das keine inhaltlichen Konsequenzen hat. Es wäre wahrscheinlich sehr schade, gerade Musik erschließt sich ja erst durch Hören.
c) Geniale Lösung! Bringt sicher Pluspunkte.
d) Wenn das so ist, ist das sicher die richtige Vorgehensweise.

19 Man müsste herausfinden, ob es Paolo wirklich körperlich schlecht geht: Dann sollte er das Referat lieber nicht halten. Wenn er „nur" aufgeregt ist, würde ich versuchen, ihn zu beruhigen. Ich könnte Ihm Entspannungstipps geben und Atemtechniken zeigen. Ich könnte versuchen, ihn davon zu überzeugen, dass er doch ein tolles Referat vorbereitet hat und dass er doch keine Angst haben muss: Die Schüler/innen stehen doch sowieso auf seiner Seite - und die Note wird so schlimm schon nicht werden.

**Seite 101**

20 a) Sehr gut. Daran kann es ja auch liegen, und das Problem wäre schnell behoben.
b) Prima Idee, wenn es nicht zu lange dauert und die Folien so auch noch gut erkennbar sind.
c) Wahrscheinlich ist es besser, das Referat zu verschieben. Sie kann ja nichts dafür, dass die Technik nicht funktioniert - und eine digitale Präsentation auf einmal ohne Technik zu machen, könnte schwierig werden (was Pluspunkte bringt, wenn es ihr gelingt).

**Seite 103**

## Abschlusstest

1 Während bei einem schriftlichen Referat der gesamte Inhalt sauber ausformuliert und schön gestaltet ist (und abgegeben und benotet wird!), dient ein Redemanuskript „nur" dazu, die Referentin/den Referenten während des Vortrages zu unterstützen. Es wird in der Regel nicht gezeigt oder bewertet.

2 Ein gutes Handout fasst die wesentlichen Inhalte/Ziele oder die Gliederung eines Referates kurz und übersichtlich zusammen. Es soll die Empfänger an das Referat erinnern. Es nennt die verwendeten Quellen, lässt evtl. Platz für Notizen und muss formalen Kriterien (so es diese gibt) erfüllen. Es ist eine, maximal zwei Seiten lang und wird am Anfang oder am Ende eines Referates an alle ausgeteilt.

3 Man vermeidet mit einer guten Generalprobe z.B.:
- dass man unter Umständen bestimmte Inhalte nicht richtig wiedergeben kann,
- dass man etwas Wesentliches beim Vortrag/im Ablauf vergessen hat,
- dass man sein Redemanuskript nicht sauber vorbereitet hat,
- dass der Vortrag nicht zu kurz oder zu lang wird,
- dass irgendwas am Ablauf (Technik!) nicht stimmig ist.

4 Ich muss entscheiden, ob das, was ich vergessen habe, Wesentlich für meinen Vortrag ist, denn dann muss ich ihn verschieben; ansonsten muss ich improvisieren und das Beste daraus machen. Auf jeden Fall werde ich die Lehrkraft darüber informieren und mir eventuell Rat holen.

# Zeitplanung

① **Benötigte Zeit herausfinden**

In den meisten Fällen bekommt man den Termin für sein Referat frühzeitig mitgeteilt, sodass man oft mehr Zeit zur Vorbereitung des Referats zur Verfügung hat als benötigt wird. Überlege dir, wie lange du wohl ungefähr für die Vorbereitung benötigst und wann du spätestens damit anfangen solltest . Dies ist von Thema zu Thema unterschiedlich. Für ein Referat über ein Buch muss man z.B. zusätzliche Zeit zum Lesen des Buches einplanen.
Trage dann den ersten und den letzten Tag deiner Referatsvorbereitung in einen Kalender ein.

**Beachte:** Du solltest deine Vorbereitungszeit großzügig berechnen und sogenannte „Pufferzeit" einplanen, um unvorhergesehene Ereignisse abfangen zu können. Lieber fängst du zu früh an als zu spät - dann hast du am Schluss noch genug Zeit um dein Referat zu üben, statt vor lauter Hektik Fehler zu machen und unsauber zu arbeiten.

② **Referats-Vorbereitung in Arbeitsschritte aufteilen**

Finde heraus, welche Arbeitsschritte zur Vorbereitung deines Referates nötig sind und versuche abzuschätzen, wie viel Zeit du für die einzelnen Schritte jeweils benötigst. Trage diese dann in eine Tabelle, wie im Beispiel unten, ein.

| **Zeitplanung für ein umfangreiches Referat mit viel Material** | |
|---|---|
| 3-4 | Beschäftigung mit Thema, Stichwortsammlung |
| 5 | Material beschaffen |
| 5 | Material bewerten, auswählen |
| 1 | Gliederung erstellen |
| 4-6 | Material aufbereiten |
| 0,5 | Rahmenbedingungen klären |
| 1 | Vortragsweise überlegen und üben |
| 3 | Letzte Vorbereitung, Probelauf |
| 21,5-23,5 | |

Bei den Zeiteinheiten kann es sich dabei je nach Referatslänge und Thema um Stunden, Tage, Wochen oder gar Monate (z.B. bei der Facharbeit) handeln.

**Beachte:** Bei umfangreicheren Projekten musst du deine Vorbereitung wahrscheinlich in noch weitere Arbeitsschritte einteilen, z.B wenn du alleine für die Materialaufbereitung schon 20 Stunden benötigst. Dabei ist es hilfreich, wenn man nach der Erstellung einer groben Gliederung jeweils die einzelnen Gliederungspunkte in Arbeitsschritte einteilt, um diese dann auf die einzelnen Wochentage verteilen zu können.

### ③ Die Einheiten in einen Kalender eintragen

Trage nun deine Zeiteinheiten in einen Kalender ein. Baue Puffertage ein, auf die du bei zeitlichen Engpässen zurückgreifen kannst, z. B. wenn du für die Materialbeschaffung länger benötigst als du gedacht hättest.

| | |
|---|---|
| **Mo** | 2–3 h mit Thema beschäftigen |
| **Di** | keine Zeit, da Nachmittagsunterricht, aber noch ganz kurz über Stichwortsammlung drüberschauen |
| **Mi** | 3 h Materialrecherche |
| **Do** | Puffertag: wenn nötig noch Recherche |
| **Fr** | Material bewerten, Gliederung |
| **Sa** | Puffertag: das nachholen, was nichtgeschafft wurde, sonst FREI! |
| **So** | FREI |
| **Mo** | Gliederung Lehrer zeigen; nachmittags: Material auswerten |
| **Di** | Material auswerten evtl. weitere Recherche? |
| **Mi** | Rahmenbedingungen klären; Material auswerten; Gliederung fertigmachen |
| **Do** | Karteikarten für Vortrag erstellen, Handout schreiben |
| **Fr** | Handout kopieren; Probereferat halten (Moni nachmittags einladen!); für Montag alles ordnen!! |
| **Sa** | Puffertag: falls Probevortrag nicht gut war: heute nochmal! |
| **So** | Prüfen, ob für morgen alles da ist (Karteikarten, Handout), nochmal durchlesen |

### ④ Aktualisierung des Zeitplans

Du solltest, vor allem bei größeren Projekten, die über einen längeren Zeitraum gehen, deinen Terminplan immer wieder aktualisieren. Bist du z. B. an einem Tag mit der Aufbereitung des Materials nicht so weit gekommen wie geplant bzw. hattest du gar keine Zeit dafür, musst du diese Zeiteinheit auf einen anderen Tag übertragen. Das heißt, dass du entweder einen freien Tag ganz streichen oder an einem anderen mehr arbeiten musst. So stellst du sicher, dass du nicht den Überblick verlierst und deinen Zeitplan nicht mehr einhalten kannst.

# Bewertungskriterien

## 1 Das Referatthema erfassen

| | sehr gut | gut | mittel | weniger gut | schlecht |
|---|---|---|---|---|---|
| Aufgabenstellung erfasst und eingehalten | | | | | |
| Thema sinnvoll abgegrenzt | | | | | |
| Thema vollständig behandelt | | | | | |

## 2/3 Informationen beschaffen, verstehen und bewerten

| | sehr gut | gut | mittel | weniger gut | schlecht |
|---|---|---|---|---|---|
| sorgfältige Auswahl der Inhalte | | | | | |
| Angabe aller verwendeten Quellen | | | | | |
| richtige Menge an Informationen für den Zeitumfang des Referats | | | | | |
| Perspektivenvielfalt bei Quellen und Materialien | | | | | |
| Schwerpunkte/Leitgedanken herausgearbeitet | | | | | |
| Zusammenhänge und Fachwörter richtig verstanden und erklärt | | | | | |
| Material passt zum Thema | | | | | |
| Zielsetzung erreicht | | | | | |

## 4 Struktur und Gliederung

| **Allgemein** | sehr gut | gut | mittel | weniger gut | schlecht |
|---|---|---|---|---|---|
| klare nachvollziehbare Struktur („roter Faden") | | | | | |
| dem Thema angemessene Gliederung | | | | | |
| im Umfang passendes Verhältnis der drei Teile (Einleitung, Hauptteil, Schluss) zueinander | | | | | |
| zeitlicher Rahmen eingehalten | | | | | |

| **Einleitung** | sehr gut | gut | mittel | weniger gut | schlecht |
|---|---|---|---|---|---|
| Thema vorgestellt | | | | | |
| gelungen Heranführung an Thema | | | | | |
| Aufmerksamkeit geweckt | | | | | |
| Überblick über Hauptpunkte gegeben | | | | | |

| **Hauptteil** | sehr gut | gut | mittel | weniger gut | schlecht |
|---|---|---|---|---|---|
| strukturiert und logisch | | | | | |
| Darstellung sachlich richtig | | | | | |
| geeignete Überleitungen von einem Punkt zum nächsten | | | | | |

| **Schluss** | sehr gut | gut | mittel | weniger gut | schlecht |
|---|---|---|---|---|---|
| kurz und knapp | | | | | |
| passende inhaltliche Aussage (Fazit etc.) | | | | | |
| korrekte Beantwortung (vorhersehbarer) Zuhörerfragen | | | | | |

## 5 Material vortragsgerecht aufbereiten

| | sehr gut | gut | mittel | weniger gut | schlecht |
|---|---|---|---|---|---|
| Informationen durch eigene Gedanken ergänzt | | | | | |
| klare Unterscheidung zwischen eigenen und fremden Gedanken (deutliche Hervorhebung von Zitaten) | | | | | |
| in sich geschlossene (Unter-)punkte | | | | | |
| Tabellen, Diagramme und Schaubilder inhaltlich stimmig | | | | | |
| Bilder, Filme oder Musik passen zum Thema | | | | | |
| angemessene Fülle an Visualisierungen | | | | | |
| vortragsgerechte Formulierungen | | | | | |
| Aussage der Visualisierungen ist erkennbar | | | | | |

## 6 Medieneinsatz

| **Allgemein** | sehr gut | gut | mittel | weniger gut | schlecht |
|---|---|---|---|---|---|
| sorgfältige Vorbereitung des Vortragsraums (Präsentationsmedien funktionsbereit) | | | | | |
| Medium für alle gut sichtbar | | | | | |
| Inhalte gut erkennbar/lesbar | | | | | |
| gewünschte Wirkung des Mediums erzielt | | | | | |
| Umgang mit Technik souverän und sicher | | | | | |
| Medium nur „Mittel zum Zweck" (und nicht Hauptattraktion!) | | | | | |
| passende Präsentationsmethode gewählt | | | | | |
| Kontakt zum Publikum beibehalten | | | | | |